香山リカと哲学者たち

明るい哲学の練習 最後に支えてくれるものへ

ぷねうま舎

中島義道
永井 均
入不二基義
香山リカ

装幀＝水戸部 功

はじめに

香山リカ

子どもの頃、誰もが「宇宙の果てはどうなってるの」、「死んだらどうなるの」、「私以外の人も私と同じように感じたり考えたりしてるの」、「夢と現実はどう違うの」、「実存するってなに」といった問いにとりつかれる時期があるのではないだろうか。

私もそんな小学生だった。

ただ、中学生くらいになると、多くの場合、別の問題がぐぐっとリアルになってきて、「宇宙の果て」系の問いは背景に退いていく。すなわち、「好きな男子（女子）にどう話しかけたらいいの」、「どうして親はムカつくことばかり言うのだろう」、「洋服もほしいし、ＣＤももっとほしい」などなど。私も例外ではなかったのだが、それでも「宇宙の果て」系の問いが完全に消えてなくなることはなかった。

そのまま高校生くらいになると、「どうやらその『宇宙の果て』系の問いを大学で考えることができるらしい」ということがわかってくる。その問いが〝進路〟に直結するのだ。

しかし、そこで大きな岐路がやってくる。つまり、数学、天文学、認知心理学など理系の学部にいくか、それとも哲学や文学など文系の学部に進むかを決めなければならないのだ。

私は、決して理系の科目が得意というわけではなかった。いや、むしろ「数学よりは国語のほうがまだマシ」といった〝ふつうの高校生〟だった。それにもかかわらず、受験では「理系」を選び、宇宙物理学とか電波天文学とか、そういった学問領域の研究者になって、「宇宙とは？ 現実とは？ 生命とは？」といった、親と大ゲンカして家出したときも、好きな先輩にバレンタインのチョコを断られて泣いたときも、自分の中で途切れることなく続いていたあの問いに心おきなく取り組もう、と無謀なことを考えた。哲学や文学にもおおいに惹かれたが、それは科学者になってからまたゆっくり、と思ったのだ。

やや同語反復的になるが、「無謀な考え」はやはり無謀であった。私は第一志望であった大学理学部に落ちた。そして一年間の大学浪人生活を経て、さらにもう一度、不合格となり、親のすすめで渋々受けていた私立医科大学に入ることになったのだ。

信仰も持っていないのに、私は「神は私を見放した」と思った。「そんな大それた問いに取り組む資格なんておまえにはない」と言われた、と感じたのだ。私は、「はい、わかりました。もう二度と『宇宙とは？ 現実とは？ 生命とは？』なんて考えませんよ」とおおいにいじけ、理系、文系いっさいの研究の道はあきらめて、目の前に現れた患者さんを粛々と診察する町場の一般臨床医となった。

私が医大を卒業してから、早いものですでに三〇年がたった。

最初の数年は、とにかく宇宙の〝ウ〟も実在の〝ジ〟も見たくない、という気持ちで、子どもの頃からの「問い」に関係していそうな書物や映像は目にしないどころか、出くわすと意識的に目を背けていた時期もあった。しかし、研修医時代が終わり臨床医として民間病院で働くようになると少しこころの余裕もできてきたのか、高校時代には選ばなかった第二の選択肢、つまり文系の方向性から「存在」や「生命」の問題に取り組んでいる人たちの本を読んでみようか、という気になってきた。

話がまわりくどくなってしまったが、そこで出会ったのが哲学だったのだ。

もちろん、私には哲学のベースはない。ただ、「また本を読んでみようか」と思ったときの私はすでに三〇代になっており、そこから西洋哲学の古典を読み始めるのはもう間に合わない、と思った。また、職業と割り切っていたとはいえ、精神科医としての臨床を通して子どもの頃からの「問い」に答えが出たり、また新たな疑問が付け加わったりもしていた。そういったことから、私は「なるべく同時代にこの日本社会で生きる哲学者の本を読みたい」と思った。そして出会ったのが、今回の対談を受けていただいた中島義道さん、永井均さん、入不二基義さんの書物だったのだ。彼らの語り口は決して高踏的ではなく（学生用語でいえば、「〝上から目線〟ではない」というのだろう）、取り上げているテーマは常に本質的だ（ということくらい、シロウトの私にもわかった）。

その彼らと対談できるのだ！

ほんとうなら、哲学者たちに「宇宙の果てってどうなってるのですか？　生きものってなんですか？　死んだらどうなるのですか？」と六歳児のようにきいてみたい。

とはいえ、私は六歳児ではなく、五六歳児なのである（二〇一七年春の時点で）。そこまで無邪気な問いを繰り出すわけにはいかないだろう。話すからには、一応、精神科医としてこれまで診察室で得てきた経験なども話し、哲学者たちがさらなる思索をするにあたっての枝葉にしてもらいたい。

いやいや、私にそんなことができるわけはない。きっと六歳児に戻ったり、つれない先輩の態度に涙にくれていた一七歳になったり、社会のリアルな状況にやたら腹が立つようになった五〇代の自分が出てきたり、〝あっちこっちの自分〟になりながらまとまりなく話が進んでいくのだろう。話を始める前からそんなことを言ってはいけないが、とにかくとても楽しみだ。

久しぶりに胸がときめく！

そんな私のときめきの旅に、どうぞみなさんもお付き合いください。

◇目次◇

はじめに　香山リカ　1

第一章　レスリングは哲学に似ているか　入不二基義×香山リカ　11

なんでまた、レスリング　13
ジャンプの快楽　20
いい、おみそだから見えること　24
肉体の対話／場のかたり　27
想定外の技　34
飛ぶ意志と誘惑のあいだ　37
気づきと没頭／モニタリングと解離　41
木嶋佳恵の研究——ネットの魔術　46

自由になったという感じ――レスリングと武道　51
勝つことと正義　56
いまどきの、普遍ということ　63
終焉に別の光を　69
死の訓練――密教の哲学と顕教の哲学　72
死の意味を洗い直す　75
生きてることが一番、身体に悪い――病気と健康の価値転倒　81

第二章　この時代の深層マップ　永井　均×香山リカ　89

普遍の成り立ちをめぐって　91
言語を持つということ　96
瞑想の奥義　99
普遍的な諸価値の根を……　101
ポストモダンの破壊力　105
な〜んちゃって相対主義　109

自分の問題を普遍化し、共有すること　114
連帯と自立　117
吉本隆明――世の中は〝立派〟なものの悪いところにしがみつく　119
〝立派〟なものの時代ではない　121
権威とともに流されたもの　127
壊してはいけないもの　131
打つ手は？　新しい倫理は？　134
世界的人材不足　136
権威と権力がねじれて　139
欺瞞の無限遡行　140
良識という前提の弱さを見誤った　144
マインドフルネスは、なぜはやるのか　147
瞑想の効果と難点　150

第三章 哲学で、世界を壊す 中島義道×香山リカ 159

哲学と仏教的なるもの 161
キリスト教的なるもの 165
ロゴス中心主義者 169
普通のことにひそむ、恐るべき現実 174
脱・脱構築 176
古典的な価値 178
洪水よ来たれ 182
明日、死ぬとすれば 185
世界を壊すために 187
哲学塾という舞台 189
ルサンチマンは意味がない 193
哲学は役に立たない 195
ビッグイシューへの嫌悪 197
世界が消える 199
常識のコアは非常識／非常識の極は常識 204

離人症の「ない」 207
「物自体」の真意 208
死が怖いとリアルが怖い 211
権力からの自由／良識からの自由 214
平等でフラットな文化と差別の情念 216
真剣勝負 220
不安定で未決定な世界 222
もし、言葉を失ったら 224
死の意味を抜く 225
神秘と言語 227
体と意識がズレる 228
言葉は何かを見えなくする 231
哲学のヒッチハイク・ガイド――対話を終えて　香山リカ 235

第一章　レスリングは哲学に似ているか

入不二基義 × 香山リカ

レスリング的な哲学／哲学的なレスリング

――哲学では思考の極北へと進もうとするけど、レスリングでは身体の極南へと進もうとしていて、正反対だけれども似てもいる。

入不二基義
（いりふじ もとよし）
1958年生まれ。専攻、哲学。青山学院大学教育人間科学部教授。著書、『時間は実在するか』『あるようにあり、なるようになる――運命論の運命』ほか。

6歳の哲学／56歳からの哲学

――身体をもってここに住み込んでいるという意味で、パーソナル・スペースを捉えるとすれば、レスリングのやりとりは、かなり侵入的・相互陥入的な感じがしますね。

香山リカ
（かやま りか）
1960年生まれ。専攻、精神病理学。立教大学現代心理学部映像身体学科教授。著書、『若者の法則』『「悩み」の正体』『劣化する日本人』ほか。

なんでまた、レスリング

私、哲学をやっている人間なんで、「なぜ始めたんですか?」と聞かれると、「何を答えたら、なぜに答えたことになるのか」ということにこだわっちゃうほうなんです。きっかけを答えるとか、背景を答えるとか、あるいは自分が意識していない無意識を引っ張り出すこともできるので、どこを答えたらいいのか迷うところはあるんですけれども、きっかけっていう意味でははっきりしていて、私の三男が、高校生の頃、ジムにキックボクシングを習いに行っていたんですよ。……その試合を観戦しに行って、リングの上に息子が立っているのがすごく羨ましいんですよね。「なぜ俺がそこにいないで、息子なんだ」、「俺がリングに立ちたい」という思いがしたんです。

（入不二基義「我々はなぜレスリングにハマるのか?」『ゴング格闘技』イースト・プレス、二〇一六年六月号、六七―七四頁）

香山　近年、脳科学の急速な進展がありますが、精神医学もほとんどがブレイン・サイエンスが主流になってきているんです。いろいろな精神現象や疾病、症状も、これは脳科学で説明できるなっていうことがたしかにあります。さらに、脳科学の文献を読んでいると、これは哲学で問題にされてきたことと、接続すると思われるものがあり、うまく言葉にできないのですが、脳科学と哲学と、レヴェルを替えて同じことを語っているんじゃないかと思うことがあります。私は哲学の素人ですから、趣味で読んでいるに過ぎないのですが、現代の宇宙論の「多次元宇宙」にしても、かつて分析哲学で問題とされていた可能世界論が、まったく違う切り口で語られていて、ただ内容は間違いなく重なっていると思うことがよくあります。こういうことは、ある見通しを持って包括的に理解する必要はないのだとは思いますが、ただ興味を惹かれもするし、どこまで関連づけていいのだろうとモヤモヤしてしまうことがすごくあるんです。

入不二　よくわかります。

香山　そのことと、例えば哲学者、入不二さんがレスリングを始められたり、あの永井均さんがヴィパッサナー瞑想に取り組まれているって、これ、私にはすごいショック（笑）。

入不二　ショックなんですか？

香山　かなり以前から、永井さんの本を読んでいて、このなにものにも依拠しない世界と自己に関する孤高の理解は、すごいなと思っていました。お話する機会もあったのですが、私が感心していた点は、この人はありとあらゆるものを疑い、きっと不信感を持っているんじゃないかって……（笑）。

入不二　懐疑的な哲学者だと思っていたと……。

香山　そう思っていたのに、ほとんど手放しで「ヴィパッサナー瞑想はすごい」という感じのことを言われていて、この人が何か一つのものを受け入れ、拠り頼むみたいなことがありうるんだ、と思って最初、ほんとうにビックリした。そして、そのことはいったいご自身の哲学と接続しているのか、それともまったく別のところからきている、それこそ出会いと言っていいものなのだろうかと、すごく興味がわいてお話もさせてもらいました［『ヴィパッサナー瞑想を哲学する』『マインドフルネス最前線』サンガ新書、二〇一五年］。結局、その辺りのことを、永井さんはご自分のやってきた哲学と関係があると言われていますが、それは恐らく後づけであって、そもそもの動機は違ったのではないかとか、いろいろ考えてしまい……。

こういう五〇歳過ぎての肉体的な挑戦は、実は「老化現象」の一形態なのだと思います。老化とセットになった無駄な抵抗と言ったらいいでしょうか。絶対に勝つことはできないと分かっている闘い（だって老化は止められないから）を、引き伸ばして引き伸ばして、負けをできるだけ遅くしようと抵抗している感じです。そんな感じの、自分の身体と対話しつつ少しずつ負けていく闘いの場として、私の場合には、もっとも過酷なレスリングを選んでしまったのかもしれません。

（入不二「我々はなぜレスリングにハマるのか？」）

入不二　理由と動機は別なんじゃないでしょうか。哲学を探究する中で、必然的に出てきたのかと訊ねられたら、少なくとも私のレスリングの場合はNOですね。むしろ哲学の外からやってきた。思考の結果ではなくて、身体が求めたものです。ただ、そうやって哲学とレスリングとを比べて考えることもまた、私にとっては哲学に属するので、どうしたって両者は結びついてくる。

香山　そこにあるのは、やっぱり突然の出会いと言うべきものなんですか？　それこそ必然なんですか？

入不二　「突然の出会い」かつ「必然」と言ったら、まさに運命みたいな感じになっちゃいますね（笑）。偶然なんだけど、むしろそこに必然性があるかのように見えてきちゃうっていうことで……。

香山　そう見えてしまうっていうこと、そういう一種の回路が顔を出すっていうことは、職業病と言うべきものじゃなくて？

入不二　他人のことはわかりませんが、自分の人生の重要なことは、わりとそういうふうに「運命」のように見てしまうということはあります。でも、そう見えるだけだというのもわかっているので、ストーリーがあるかのように見えてしまっても、とことん信じているわけでもない。むしろ、警戒してしまうところもある。しかしまた他方で、自分の人生にストーリーがあるかのように見えてしまうこと、一種の物語化ですが、それをあまり潔癖に拒否し過ぎても、それはそれで不自然になる。人生に対する態度って、そういう中途半端なものでいいと考えています。

香山　そうですか。永井さんにもその辺りのことを繰り返し聞いたのですが、よくわからなかった。一番よく納得できたのが、「私にはよくわかりませんが、妻からは『あなた最近、機嫌がよくなったわね』って言われる」というお話でした。『人間的に穏やかになった』って言われるんだよね」と、永井さんのその説明が一番わかりやすいと思ったのですが……。

入不二　でも、ちゃんと考えるならば（ということは後づけの理由でいいということですが）、瞑想と永井哲学には本質的なつながりがあると言っていいと思いますよ。例えば、永井的な〈私〉というのを詰めて考えていった場合には、それはもちろんいわゆる「自我」や「私秘的な私」ではなく、最近われわれが使う用語で言えば、「無内包の現実性」にまで行くわけです。「無内包」、つまり一切の内容規定と無関係な〈私〉、事象内容のないあり方ということですから、そのような山括弧付きの〈私〉は、瞑想を経て出てくる「無我」というあり方と、必然的に出会うはずですよね。

香山　例えば、それが競馬じゃなくて瞑想だったということには、何かの……。

入不二　永井的な〈私〉へ至る一つの具体的な

メソッドに、「瞑想」はなりうるということなのではないですか。

香山　結局、それはご自分での哲学の実践、言い換えれば実践的な意味で哲学することなのですか？　そうではなくて、また……。

入不二　きっかけはどうであれ、関わったものに深く入り込んでいけば、そこもまた哲学の新たなフィールドになるのは、ほぼ必然でしょう。

香山　直感的に「ここに何かあるかも」って思うから惹かれるわけですか？

入不二　「勘」みたいなものですかね。

香山　入不二さんの場合もそうなんですか？

入不二　いや、私の場合は、そんなに「直《じか》に」はつながっていないと思う。むしろ、哲学では思考の極北へと進もうとするけど、レスリングでは身体の極南へと進もうとしていて、正反対だけれども似てもいる……という「捻《ねじ》れた」つながりでしょう。

香山　きっかけとして息子さんのキックボクシングの試合をご覧になってとお書きになっていますけど、それはもしも息子さんが、バンドで歌を歌っていたら、そうは……。

入不二　格闘技じゃないと、きっかけにはならなかったでしょうね。

香山　それがキックボクシングだったからこそ、「なぜ私じゃないのか？」と思ったと書かれている。あれはやっぱり「レスリングだからこそ」というのがあったということですか？

入不二　選んだレスリングが、数あるスポーツの中でもっとも過酷な全身運動で、かつベーシックな格闘であったということは、ジャンルは別だけど哲学のあり様とどこか似ています。そういう意味では、やはり「レスリングだからこそ」なのでしょうね。しかし、始まりはもっと単純な話で、五〇歳になる頃、自分の身体のことをいろいろと（負の意味で）意識せざるをえなくなってきた状況が、背景としてまずあったのだと思います。
一般論ですが、例えば不眠に悩んでいて、それを薬で解決することには抵抗や限界を感じていて、そうではない仕方で乗り越えようと考える……、そんな類いのことがきっかけとなって、呼吸法などの身体技法に出会うということは、ありえますよね。それと同じような意味で、私も五〇歳に近づいた辺りで、自分の身体の「不調」の声に気づかざるをえなかった。四〇歳から五〇歳になるまでの一〇年間、まったく運動をせず、不摂生もあるし、身体的に不調和な感じがこみあげてくる。それがまずベースにあって、ちょっとこれはまずいぞ、と。もっと卑近なレベルで言うと、ふだん履いていたズボンが履けなくなり、腹囲の大きな正方形に近いズボンになっていく……というレベルを含めて、これは相当にマズイところまできているぞと感じる時期があったわけです。

香山　それはまったく日常的な通俗的なレベルで？

入不二　そうです、まったく日常的な通俗的なレベルで。

香山　ちょっと体を動かさなきゃ、みたいな。

入不二　眠れないのはまずいな、って思うのと同じレベルで。

香山　しつこいようですが、たとえなんの職業であろうと、みなさんが思うのと同じレベルで？　哲学者に幻想を持ちすぎかもしれませんが（笑）。

入不二　ええ、よくある五十男の日常です。ですからそこは、別に哲学と特に関係があるわけではなくて、このままじゃ体がまずいんじゃないかって感じ取るところがベースとしてあるわけです。そういうときに、ジムに通って走ったりとか、始めるわけです。これもよくある話で。最初は五分と走れない、そんな不甲斐ない状態になっている。それがようやく一〇分に延び、そのうち一時間ぐらい走っても大丈夫になり、やがて体重も落ちる

対戦中. 向かって左, 入不二基義.

といったことを経験して、半年とか一年ぐらい続けると、身体の可塑性みたいなものに改めて気づかされて、身体は変わるという実感がこみあげてくる。そのとき、「まだまだやれるぞ!」っていう力感が溢れてくる気がする。

ここまでは、よくある話です。そこから先が、もしかしたら普通とは違う過剰さがあるところなのかもしれません。つまり、私の場合は「これじゃ全然足らない」、「実際の闘いができるところまで変えたい」と思ってしまう。例えばジムでは、「ボクササイズ」のような、格闘技の動きを三〇分——一時間やってシェイプアップに役立てるプログラムがありますが、最初の頃は楽しくやっていたのだけれど、もの足らなくなってくる。だって、ヴァーチャルに動きを真似るだけだったり、「型」を繰り返したりするだけで、リアルには闘わないわけですから。健康維持のためには、それ(リアルな闘いなし)で十分なのかもしれませんが、私はそこから一歩踏み出したくなる。そこが、普通からはちょっとはみ出す「過剰」な部分と言えるかもしれません。

そんなときに、高校生の息子の試合を観戦したわけです。恐らくはそれが点火装置になったのですね。「やっぱりこれじゃ足らない」っていうことがどういうことなのかが、息子の試合を観ていて明らかになった（笑）。

香山　普通にジムで走ってるときは、「走れるようになった私の身体は」とか、別にそういうような発想はなかった？

入不二　特になかったです。ただ、「走る」ことに関しては、多くの人が音楽を聴きながら走っていますが、その姿を目にするたびに「なんでみんな、別の所へと気を逸《そ》らそうとするのだろう？」ということは思っていました。走っているときの自分の身体の「声」に耳を澄ましている方が、ずっと面白いのに……ということは思っていました。それぐらいには、自分の身体との対話を気にかけていたと思います。そんな感じで、次の段階で私としては普通にジャンプしてみたら、レスリングを始めていた。

ジャンプの快楽

自由と運命の両者が共存する「拮抗と力の過剰」の関係は、サーフボードでビッグウェーブに乗ろうとする場面になぞらえることができる。うまく大波に乗れるときには、かろうじて乗る側（ボード側）と乗られる側（大波）の間に力の拮抗が成り立っている。その拮抗とは、微細に見るならば、波の側の力の絶えざる過剰と、それに対する乗る側のバランスの危うい回復や微調整の繰り返しであって、一つの恒常的な安定が堅牢に確立しているわけではない。拮抗は、堅固な安定の確立ではなくて、むしろ不安定を微調整しながら、完全なる破局をそのつど回避し続けることであり、逆に言えばいつも破局の一歩手前に居続けることである。

（入不二基義『あるようにあり、なるようになる――運命論の運命』講談社、二〇一五年、三一九頁）

香山　普通に……。

入不二　ジム通いによる身体の変化は、日常的にちょっと気持ちがよくなったぐらいの健康的な感じです。でも、そこからレスリングを始めてしまうところは、これは周りからも言われたことですが、「かなり普通じゃない」ことだったようです。なんで、そこでいきなりレスリングに行くんだ？　という点には、たしかに思い返してみると、かなりジャンプがあるわけです。でも、そのジャンプする感じは、ふだん考えているとき、つまり哲学的な思考をしている場面でのジャンプの仕方と――これは振り返ってという話ですけれど――、やっぱり似ています。哲学している局面では、普通に地道に思考しているだけでなく、未知の危ういところへ思考のジャンプをする快楽がある。普通に堅実に考えているだけではつまらない。思考の場面ではそういうジャンプを長い間やってきたし、ある程度成功もしてきたのですが、こと、体に関しては、レスリングが初めてのジャンプの試みだった。

香山　そこに段差があったとして、それは自分の中ではある程度馴染みのある飛躍、跳躍であった、と。

入不二　思考と身体の違いはあるとしても、ジャンプする感覚は似ている。日常生活において普通に何かを考えること、あるいはきちんと論理的に詰めて考えることとは違った仕方で、遠くへと思考のジャンプをすることが、私にとっては哲学の快楽の一つです。身体についても、健康のための適度な運動であることを越えて、むしろ身体によくないレベルにまで踏み込んで、日常生活では生じえない身体のぶつかり合いを感じること、それが私の場合、レスリングだったことになります。思考の運動でも身体の運動でも、そういうふうにして穏当な範囲を越えてジャンプすることに、快楽を感じる人間なんだってことを、再確認することになりました。

香山　それが思考の場合と、実際に身体を伴うジャンプとでは、やっぱり違うものでしたか。

入不二　結果が、まったく違うものになりました。要するに、哲学（思考）においては、それなりに遠くへジャンプする能力があって、それを自分なりに楽しんできたわけですが、レスリング（身体）においては、そもそも遠くまでジャンプする能力が私にはなかった。いや、そもそもレスリングを始めるまでは、その「遠く」がどれぐらいの「遠く」なのかもよくわかっていなかった。そのため、「思い込み」があったんです。思考だけでなく身体においても、そこそこ「遠く」へ飛べるのではないか……という思い込みが。私は運動を専門的にやってなかったから開発されなかっただけで、そこそこの潜在的な能力はあったはずだ、という思い込みです。

そんな「おめでたい」思い込みが、完全に打ち砕かれるという経験です。それは、思考の方のジャンプがうまくいってきたのと正反対で、ジャンプしてみたら墜落したという経験に近い。レスラーたちの身体能力の高さを肌で感じざるをえなくなって、これは私が歳をとって始めたから劣っているのではなくて、もっと根本的な能力の高低差だと思い知らされるわけです。私が二〇歳代であったとしても、とうてい及ぶことのない身体の優秀さというものを知ることになったわけです。要するに、この分野では、自分がいかに無能力であるかを思い知らされたわけです。

香山　でもそこで、「じゃあ、もうやめよう」

とは思わなかった？

入不二　そうなんです。それなのにやめていない。墜落したのに、やめたくならないということ自体が、私にはさらに新たな発見でした。思考の場面では、自分の得意なことをやり続けているから楽しいのは当然なのですが、レスリングの場面では、こんなに自分はダメなのに、それでも楽しい。劣等生なのに楽しさが持続するという、これも私には新鮮な経験でした。恐らく、身体的なジャンプの快楽は、能力がなくても、大きくは飛べなくても、それでも味わうことができることがわかったからなのではないでしょうか。だからこそ、ダメだけれども続いている。

香山　まさに、「身をもって知った」ということですね。

入不二　ひと言でいえば、結局「好きだ」ということなんでしょうが、でも、大きなジャンプは諦めたうえで、それでも快楽は味わえると気づくためには、やはりそれなりの「年齢」が必要だったように思います。つまり、遅まきながら五一歳で始めたからこそ、むしろ楽しく続けられているということです。逆にいえば、大きく遠くにまでジャンプすることはできないし、そっちは諦めざるをえないからこそ、それとは違う方向に楽しさを見出しやすいということでしょう。例えば、競技としてのレスリングのメインは、「強さ」や「勝利」の探求でしょうが、私はその点では大きなジャンプはできっこない。しかし、或る一つの「技」や、複数の「技」の間の連携や関係を試しつつ、その可能性や意味や感触を自分の身体を通して探究していくことも、レスリングの楽しみです。この探究ならば私にもできるし、その探究をこの身体を通してやることは、私にしかできない。

香山　なるほど。よく「大人のピアノ」ってありますね。歳を取って始めたお稽古事、この場合も別にピアニストを目指そうというわけではありませんし、そんなに上達しなくてもよい、と。中年バンドや初老バンドもはやっていますが、そんなケースとも似ているんでしょうか？

入不二　似ていると思います。趣味とは結局そういうことでしょうから。でも、「技の探究」は「趣味」というより「遊び」でしょうね。小学生の頃にやっていた「プロレスごっこ」の共同探究に似ています。しかも、「遊び」として余裕を持ってやるからこそ、そのジャンルの本質をつかみやすいという側面もあるし、自分の身体のこともよくわかる。

おみそだから見えること

香山　コーチはいるんですよね？

入不二　います。

香山　指導に従えなかったときは怒られる？

入不二　いえ、高校生や大学生の部活とは違うのであって、社会人のレスリング・クラブにおいては、コーチからの「訂正」や「教示」はあっても、「怒られる」ことはありません。教わる方も教える方も、基本的には楽しみでやっているわけですから。また、私は大学のレスリング部の練習にも参加していますが、その場合も、私は立場が特殊なので……。

　大学のレスリング部の学生たちは、いわばレスリングのエリートたちであり、幼い頃からレスリングを始め、高校までに実績を積んで選抜されて大学に入ってきた人たちです。その集団のトップ層は、オリンピックを目指すレベルです。ですから、私がそこに混じって練習すると、当たり前ですが「みそっかす」なわけです。学生たちにも、「私はみそっかすだから、そのつもりで相手をしてね」と言うのですが、この言葉自体が昭和の用語なので、説明しないと彼らには通じません（笑）。

　例えば、小学校の高学年のお兄さんやお姉さんが、幼い弟や妹の面倒を見つつ、同年齢の友達と鬼ごっこをして遊ぶ、という場面があるとします。その場合、チビたちも一緒に遊びに入れてあげるけれども、実際には鬼にはしないし、捕まるわけでもない。ただうまく仲間に入っている気分にさせてあげて、遊ばせてあげるわけです。大学生との練習では、私はその種の「みそっかす」のようなものです。

幼い弟としての私は、お兄さん・お姉さんたちに遊んでもらっているわけです。だから、教えてもらうことはあっても、怒られるという場面はないですね。でも、この遊び（レスリング）は、鬼ごっこよりも過酷で（笑）、みっそかすではあっても、容赦なく攻められて、圧倒的に差があることを見せつけられたりもします。私が調子にのっていい線まで攻め込むと、大学生も意外にむきになって（笑）、ガチで守ったりもします。怒る必要なんかなくて、ただ圧倒すればいいだけです。

スパーリング六分の中では、教師と学生との関係は完全に逆転しています。

香山　練習は、相手が入不二先生だと知っているという関係の中でしかやらないんですか？　そうなると相手に手ごころが加わる気がします。まったく無名のおじさんであって、なんて弱いおじさんなのかって（笑）、バカにされるとか、そういうことはない？

入不二　始めた頃は、特にそうだったかもしれませんね。バカにする以前に、「こいつは何なんだ？」という異物感と言いますか、訳のわからなさがあったと思います。あるいは、「危ないからやめた方がいいのでは？　どうせ続きはしないだろう」と思っていたかもしれません。でも、ケガをしてもやめないし、同じ練習をやろうとするし、「弱いけれど、やる気だけはあるらしい」、「どうも本気らしい」……ということになって、相手をしてくれてアドバイスをくれる学生たちも増えていきました。そういう中で、実は（私だけでなくて）彼らの方も新たな関係性を学んでいくわけです。こういう脆弱なおじさんを相手に、どういう風にレスリングを展開し、どのように教えてあげればいいのか……、そういうことを彼らも無意識のうちに身につけていくわけです。その関係性は、プロレスにも似ているかもしれません。相手の限界や相手の長所を見極めつつ、あるいはこちら側は少しでも自分の限界を突破しつつ、互いにできるだけ善きレスリングを成立させようとする……。そういう関係性です。

香山　相手が大学教授だということを、相手の社会的な役割を知ってはいるんですか？　ある種の力関係から人は完全に解放されるのか、ということに興味があるのです。

入不二　もちろん、同じ大学の教授と学生どうしですから。しかも、彼らは「体育会系」なので、一般の学生以上にとにかく礼儀正しい。でも実際に組み合ってレスリングをしているその間は、二つの肉体相互の力感や抗いを計り合っている関係が現れてくるだけで、それ以外のものは退いてしまいます。レスリング行為の内側からは、その激しい動きゆえに、レスリング以外の要素ははじき出されてしまうとでも言いますか……。身一つになって実際に組み合ってしまえば、ふだんの役割意識なんて簡単に脱落してしまうし、その場に固有のレスリング的な「肉体関係」が生成します。

こうして、能力が欠けていても楽しめるという気づきがあり、教える側と教わる側との逆転があり、思考する私から格闘する私への転換もあり、取っ組み合う身体を介してのみつながる新しい友人関係というものがあることを知ることができました。どの逆転や変化も、レスリングを始めていなかったら経験できなかったものです。

香山　そういう逆転は、レスリングでなくてもありそうですね。例えば、社長の地位にある人がボランティア団体に参加し、そこでは自分の身分を隠している。いつもは「社長、社長」と呼ばれているのに、「おっちゃん、それできてないでしょ」なんて若者に言われるのが快感だという。私から見るとちょっと嫌な感じなのですけど（笑）、それに似たところもあるんでしょうか？

入不二　う〜ん、でもそのケースと一番違うところは、身体を介したやり取りがあるという点でしょうね。「この分野では私は素人なので、あなたが先生です」みたいな役割関係の逆転とはどうも違う……。

香山　『釣りバカ日誌』の浜ちゃんが、釣り場では自分の会社の社長すーさんの先生になるみたいなものですか、世俗的すぎる理解ですが。

入不二　やっぱり、そういう場面とは違うでしょうね。単に立場が「逆」になるのではなくて、立場がはぎ取られて素《す》の肉体どうしのやり取りになってしまうと言った方が近い。洋服の取り替えっこではなく、ともに洋服を脱いで裸になるのですから。身体を介しているという点が、やはり決定的に重要なところじゃないかな。

肉体の対話／場のかたり

レスリングが「独特のコミュニケーション」であることもまた、原始的あるいは哺乳類的な取っ組み合いの延長線上に現れる。たしかに、まずは別個の二者の接触がないと始まらないが、互いの接触度が大きくなって抵抗や反発や対峙の諸相が複雑化するにつれて、別個だった二者は一つの力の「場」の内に埋め込まれた二つの位置の違いのようなものになり、二者は互いに独立ではありえなくなる。「場」

としての一枚のゴム膜が、いくつもの方向からの力で押したり引いたりされて伸び縮みする。ときにはその力のバランスが崩れてゴム膜がパチーンと弾けたり、ときには拮抗がゴム膜全体の美しい形となって表れたりもする。独特のコミュニケーションとは、このゴム膜上の力のやり取りにほかならないし、その「場」についての共同探究でもある。

（入不二「哲学的なレスリング、レスリング的な哲学」『añjali（アンジャリ）』親鸞仏教センター、二〇一六年六月号、一二―一五頁）

レスリング独特のいわゆるコミュニケーション、同じ場で組み合うことから生まれてくるある種の関係、例えば精神科医の木村敏が言うような「あいだ」といった感じと少し近いのかなと思ったのですが……。

入不二　近いかもしれません。

香山　人と人との対話というよりも、その場がつくる意味の交換とか……。そういうことは練習でもあるんですか？

入不二　「意味の交換」というよりも、もっと動物的な「力の交換」かも。

香山　「あうん」の呼吸というのと、また違うんですね？　場が……。

入不二　「あうんの呼吸」というと、息を合わせる感じがありますが、むしろ相手の呼吸を読みつつ外し合う場面もあれば、技に入る瞬間には互いに呼吸が止まっていることだってあります。意図して作れる「場」ではなくて、力の交流が作り出す「場」の中に絡め取られ巻き込まれていく感じでしょうね。別々の肉体のはずなのに、それが二個の個体というよりも一つの運動体になるかのような感じ。それは多分、レスリング特有なのではないかと思います。その独特の「場」は、ボクシングでは密着が少なくて生じないだろうし、裸で組み合う競技であっても、相撲のように立ち技限定であり、時間が短すぎても生まれないでしょう。「密着」や「持続」が、レスリング的な「場」が生まれるためには必須なのでしょう。

香山　そこには、あくまでもパーソナル・スペースがあり、こちらが接近するということではないような……。

入不二　むしろ、通常のパーソナル・スペースが壊れてしまう感じです。いったん潰れたあとに、新たに何かが動き始めるというような。壊れ潰れてこそ、新たに生成する。さきほど、間主観的な「あいだ」に言及されましたが、それともやはり違うかな。ふつうは成立している「あいだ」が肉体の密着によって潰された後でないと、レスリング的な別の距離感の伸び縮みは始まらない。

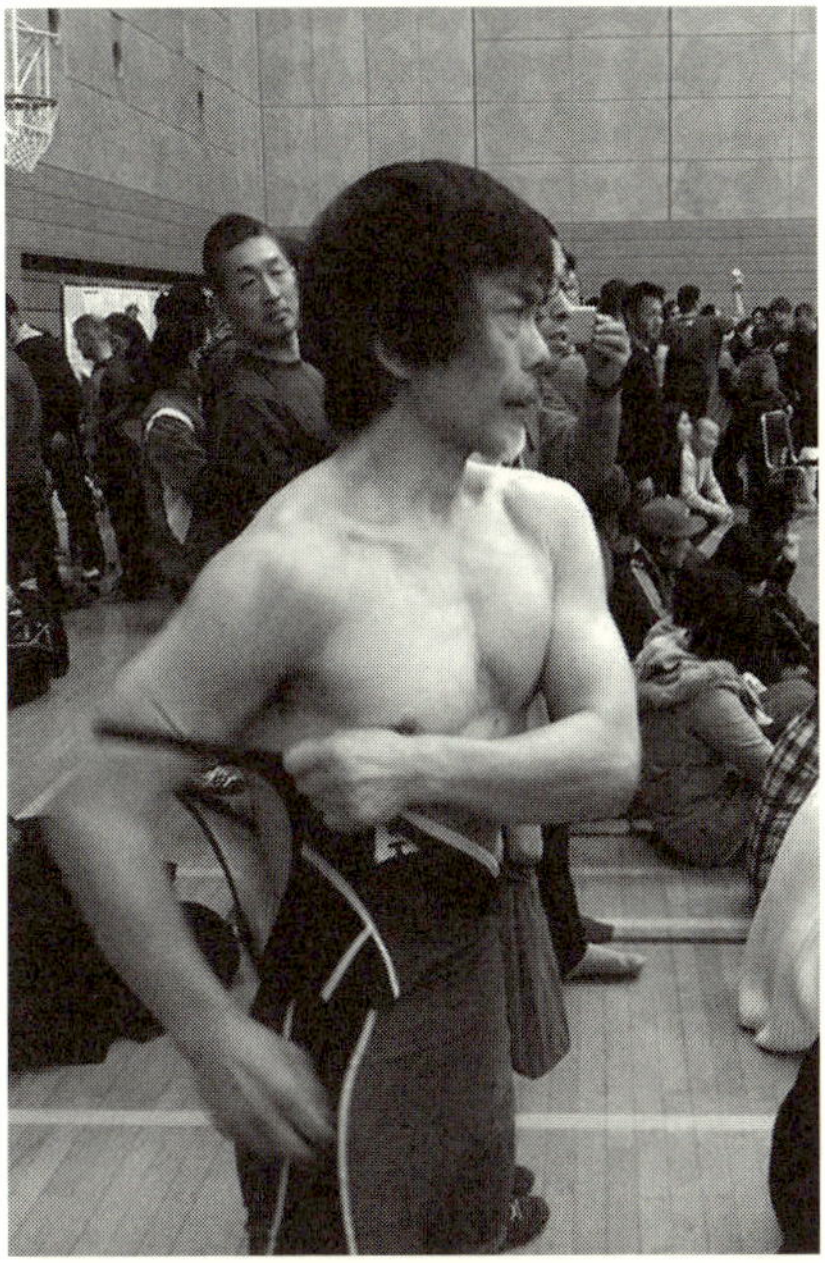

シングレットと入不二.

香山　そういうスポーツは他にない。

入不二　恐らくないと思います。

香山　柔道はどうですか？

入不二　柔道の場合は着衣があるので、密着度はレスリングより小さくなります。着《ギ》をつかむという行為は、肉体を密着させてホールドする行為よりも、より人間的なスペースを必要とします。着衣の有る無しというのも、同じ組み技系格闘技であっても、決定的な違いになるでしょう。裸体（に近い仕方）で接触し合い、しかも一定以上の持続がないと、その独特の「場」は生じないだろうと思います。

香山　他のスポーツに、それはないか。

入不二　むしろ、その観点から見るならば、他のスポーツよりセックスに近接するとも言えます。そういえば、レスリングとセックスが結びつけられて戯画化されることもよくありますが、それは根も葉もないことではない。レスリングを揶揄するような視点から、セックスと結びつけられることが多いわけですが、実はある種の本質をついているとも言える。

香山　「キャットファイト」っていうのがありますね。女性が水着で組み合う、半ばエロチックなものなのか、レスリングなのかわからないような変なエンターテインメントです。その場合も、わりと本質的な……。

入不二　本質をついている部分はある。つまり、両者は根っこの部分でつながっている、と思うわけです。進化の系統樹の上での猿と人間のようなもので、共通の祖先がいて、そこから枝分かれしてレスリングになるか、性的なコミュニケーションになるかの違いであって、根っこのところは同じだと思います。あるいは、哺乳類の子どもどうしがじゃれ合い、もつれ合っている姿の中には、性行為へとつながる原形と格闘行為へとつながる原形とが重なり合っている、と言ってもいい。その共通の根っことしての「皮膚接触」……。

香山　でも、それこそセックスだったら、どっちが勝つとか負けるとかはないと思いますが（笑）。レスリングは勝敗をもって終わりますね。

入不二　もちろん、そうです（笑）。でも、いま言った水準における比較では、「勝敗」の有無は後景に退いて重要ではなくなるのだと思います。

あるいは逆に、「勝敗」の意味が拡張して、例えば、「体位の変更とか攻め受けの交代」にさえメタファーとしての「勝敗」が重なるかもしれない。いずれにせよ、「勝敗」の有無が両者の違いのメルクマールとして働くのは、レスリングが「競技」として扱われる場合であって、実はレスリング行為自体は、「競技」という括りの中には収まらない。むしろ、「競技」からはみ出す部分にこそ、その本質が垣間見えるだろうということなのです。実際、試合のことを意識する場合を除けば、日常的に繰り返されるスパーリングや技の研究の場面では、もっと自由に探究的にもつれ合うわけです。「勝敗」を棚上げにして続いていく、そちらの「動物的なじゃれ合い」の方がレスリング行為の根っこでしょう。

香山　ダンスとも違うんですか？　社交ダンスも性的ではない身体の密着ですよね。

入不二　ダンスも、レスリングの比較相手としてはかなり面白いと思います。プラトンを読むと、古代ギリシアの教育の柱として、音楽と体育が挙げられ、さらにその体育の主要科目がレスリングとダンスだったようです。両者とも、身体所作の基本が詰まっているような分野だし、人間の身体の美しさや能力の高さを言祝《ことほ》ぐように神々へ捧げる点でも、両者には共通点がある。しかも、二人でやるダンスならば、二つの身体の間の関係が焦点になる点でも似てきます。

もちろん、決定的な違いもある。それは、相手が嫌がることをするのが基本か、相手との調和を目指すのが基本か、相手は抵抗するのか、それとも協力するのか、のような違いです。もちろん、前者がレスリングで、後者が二人でするダンス。レスリングの場合は、相手の技がかからないように、邪魔をしたり、逃げたり、抵抗したりする。二人のダンスでそんなことをしたら、ダンスが成立しないでしょう。レスリングの場合は、相手が嫌がることを巧みに行うのが優れた技であり、ダンスの場合には優れた技を協力して披露します。

ただし協力と抵抗は、連続的にあるいは入れ子型のようにも捉えることができて、レスリングの抗いの中にこそ、高度な無意識の協力関係が垣間見えたり、ダンスの調和の中にこそ、複雑な抵抗関係が折り畳まれていたり……ということもあるでしょうから、ことはそう単純でもない。

香山　でも、ダンスは男女じゃないですか、基本は。

入不二　なるほど、そこも違いですね（笑）。とはいえ、男子と女子がスパーリングすることは、大学のレスリング部の練習でも比較的よくある光景ですし、ぜんぜん不自然ではありません。男女間の試合形式がないだけであって、レスリング行為自体は、性別を超えてふつうに成立します。私もまた、女子学生に相手をしてもらってスパーリングをすることがあります。

レスリングの場合には、男女で身体的な初期条件が違いすぎるから、試合等の場面では同性対決の設定になっているし、ダンスの場合は逆に、文化に規定されたカップル観や美意識によって、男女の組み合わせが基本になっているだけでしょう。しかし、行為としてのレスリングやダンスのコアの部分は、意外に性別とは関係が薄いのではないかと思います。

ここは、とても面白いところだと思います。セックスとの類縁性が高いレスリングにおいてさえ、たとえ男女間で行っても「格闘」である場合には、「エロス的」にはなりえない。それは、レスリングとセックスの両者が共通の根（祖先）を持ちながらも、一方になると他方にはなれないというトレードオフの関係にあることを示唆しています。

さきほど使った比喩で繰り返すと、人間と猿は、共通の祖先を持っているし、かぶる部分を持っているけれども、人間は猿にはなれないし、猿も人間にはなれないというのと同じです。

香山　ダンスは男女が基本で、それがそのまま性的な関係というわけではありませんが、ある種の擬似性的な意味をもたせられることがあります。例えば、鹿島茂さん〔注記・フランス文学者。一九四九年―〕は、以前対談したときに、「ダンスパーティーをやればいいんだ」とおっしゃる。「中年の男女を集めて、おしゃれをし、鹿鳴館のようなところで、ダンスパーティーをやれば、みんな色気を取り戻して、すごく満足するんだ」と。レスリングにはそういう擬似セックス的な満足はないわけでしょう?

入不二　さきほどの「トレードオフ」の関係から言うと、ないでしょうね。「格闘」と「性」とは、スイッチの切り換えが起こるようになっていて、「格闘」の方が発現するときには、力の緊張反発が激しいので、互いの間に「緩さ」や「余裕」がなくなり、「性」の方は発現できない……というような感じでしょうか。密着行為は、共通の根としては一つであっても、まったく異なる発現の仕方をする。ダンスでは、力の激しい緊張反発を封印して、二人の協働や調和を指向するので、格闘以上に「性」に近づきやすいのではないでしょうか。とはいえ、性行為なのか格闘なのか、よくわからなくなって混線するような領域もまた、あることは確かですが。

香山　これはやや微妙な冗談ですけれど、男性プロレスラーにホモセクシュアルの人もいるじゃないですか。あるレスラーと話していて、誰かが「ゲイの人はやっぱり組み合うと、嬉しいんじゃないの?」と言ったんです。すると、「だってさ、考えてよ。男女の関係だったら、女であれば、誰でも抱き合えれば嬉しいわけ?」とそのゲイのレスラーが切り返していた。「そんなことないでしょ、ゲイの男にだって、男の好みがあるんだから、どんな男と接触しても嬉しいとかいうことはないよ」。「僕はゲイのレスラーだ」というのを売りのキャラクターにして、キャーと男のレスラーに抱きついて、やめろよと突き放されるというコントはあるけど、ほんとうにそんなことがあるわけない。相手が男だったら誰でもよくて、くっつけば性的に興奮するなんていうことあるわけないじゃんと言われ、たしかにそうだと思ったことがあります。

入不二　プロレスの場合には、「格闘」という要素のみで成り立つわけではないので、「性」であれ「笑い」であれ「暴力」であれ、さまざまな物語をそこに読み込めるだけの「余裕」が開けています。勝敗のみを争う競技だと、そんな「余裕」は生じない。ただ、レスリング行為が、競技から離れて、動物のじゃれ合いへと近づくような場面では、いつの間にかそのじゃれ合いが性的な関係に移行してしまう、ということは考えられると思います。何しろ、根っこの部分は通じていますから。

想定外の技

香山　その場では身体的な接触だけで、自他融合のような、そういうことも起きるのですか？

入不二　う〜ん。

香山　それはないですか？　どっちが俺だかわからないみたいな状況では勝てない、試合にならないでしょうね。

入不二　「融合」ではないですが、でも、もつれ合って絡み合ってると、見ただけでは自分の足なのか相手の足なのか、わからなくなる瞬間はありますね。

香山　どっちが自分の手だっけ、みたいな。

入不二　ええ。あれっ、こっちか、みたいな。ですが、実際にはもちろん視覚に頼らずに動いているので、動きとしてわからなくなるわけではあ

りませんが。体感と見えている様子とのあいだがズレたりして、見えてるこれって一体どっちだったっけって、一瞬混乱することはあります。

香山　なるほど。フランシス・ベーコン〔人物像をデフォルメする前衛画家。一九〇九―九二年〕の絵のような感じになるのですか（笑）。

入不二　そうです。その程度の自他混線ならばある。そのときはむしろ、自分というのが、視覚的にイメージできる鏡像的な「こいつ」ではないという感じです。むしろ、あえて言うなら、力があっちやこっちからかかっている中心辺りで蠢《うごめ》いている「こいつ」、というくらいの感じです。

香山　サミュエル・ベケット〔演劇の極北とされる不条理劇の作家。一九〇六―八九年〕の芝居に出てきそうな切断された身体みたいですね。そういう経験を通して、やはり身体観は変わりましたか？

入不二　私が感じている変化としては、消えかかっていた、あるいは小さくなっていた「力感」の炎が、レスリングを続けているうちに、再び大きくなって身体中に漲っていることに気づいたことです。これは、身体観というより、身体エネルギー自体の変化ですね。あと、レスリングをやる中で、自分の身体の「左右」とどう向き合うかを意識する場面が多くなりました。左右平等運用を目指しつつも、非対称な身体を生かす技の追求もやっているので、一つの身体の中で対称性と非対称性がせめぎ合っている感じが実感できます。また、指先という末端が、単なる端っこなのではなくて、触角にもなりフックにもなる強力な先端だということや、身体の構造上ここをこうするとこうなるとか、両手でクラッチを組むときの場合分けとか……等々を、まさに身をもって学んでいます。

香山　身体をもってここに住み込んでいるという意味で、パーソナル・スペースを捉えるとすれば、レスリングのやりとりは、かなり侵入的・相互陥入的な感じがしますね。

入不二　たしかに、相当に侵入的で陥入的ですね。非日常的な皮膚接触に加えて、そこには「汗」という分泌物レベルでの接触も含まれています。裸に近い状態でお互いにもの凄く汗をかきますから、特に夏のマット場では、みんな汗でベタベタな状態で取っ組み合います。もちろんタオルで拭きますが、そんな程度では追いつかない。こういう「汗」の話になると、その状態を想像しただけで「嫌！」という生理的反応をする人が、けっこういます。だけど、そういう「嫌悪感」なんて大したことじゃないとわかって、意識しなくならないと、日常的なパーソナル・スペースを壊して先に進むことはできないし、もちろんレスリングはできませんよね。セックスだって似たようなところがあるのでは？

香山　さっきの自分の手か相手の手かわからなくなるというのも、日常にはないことですが、実際に組み合っていて、その他にも、あれ？と思うようなことってあるものなのですか？

入不二　あります。俺の身体は、こんなときこんな風に動くのか、という「あれ？」もあります。それは、意図してかけたのではない技が、もつれ合い（スクランブル）の中でうまくいった、というより「うまく技として生成した」という感じのときに起こります。まったく意識せずに技が出て、それが非常に効果的だった場合には、かなりビックリする。練習後にまで強く印象に残って、イメージの中で何度も反芻したくなるぐらいに気持ちのいい体験です。

逆に相手の技にかかってしまったときにも、似たようなことがある。やられたときには、まず「しまった」という感じがきて、それは気持ちのよさとは違うかもしれませんが、ある種の快感であり驚きです。二人のあいだで均衡していた力の流れが、あるとき突然断ち切られて、自分だけが落とし穴にすっと落ちていく……。そんな感触を持った爽快でもあり得る「しまった」です。どちらの場合も、ある予想を超えたところで、予測できないところで起こる点が、「あれ？」につながっています。

香山　予想を超えているというのは、言葉では追えないということ、あるいは日常を離れているということ？

入不二　実際に起こるときには、どちらからも遊離しているのだと思います。あとでイメージの中で反芻しながら、言葉を使ってその流れを再現しようとはしますけれども、いずれまた、そのイメージや言葉を裏切るようにして、また「あれ？」は不意にやってきます。

飛ぶ意志と誘惑のあいだ

「(ビッグウェーブに) 乗る」ことは、主体性や能動性の強烈な表現 (コントロール) ではないし、単に受動性に身を任せることでもない。大波を外から操作するのでもなければ、大波の一部に成り切ってしまうのでもない (それでは溺れてしまう)。それは、大波の表面においてのみ成立しうる危うい拮抗であり、一体化である。
しかもより難易度を上げて楽しむためには、その拮抗からはみ出す巨大な波の力まで招き入れたうえで、拮抗が試されなければならない。凪《な》いでいる波の上でボードに横たわって寛いでいることは、「波に乗る」ことではない（ただし、そのための「待ち」にはなりうる）。拮抗は、拮抗自体を台無しにするような過剰を呼び込み続けてこそ、拮抗でありうる。大波への挑戦は、拮抗が崩れて力の過剰の内に飲み込まれて溺れ死ぬことと、どこまでも紙一重でなければならない。紙一重であるからこそ、拮抗は享楽となる。快楽は生の内にあるが、享楽は生と死の〈中間〉にある。

（入不二『あるようにあり、なるようになる』三一九―三二〇頁）

香山　レスリングを始められる際の「ジャンプ」について、さっき話されました。そしてその飛躍は、それまでも持続的に歩いてこられた思考の世界での飛躍と対応する、あるいは類比的だとも言われた。いまの、自分が思い描いたり、予想したものではない技が出るということにも、ある種の跳躍がある気がしますが、そういうことって昔から？　成長の過程での経験に思い当たることがありますか？

入不二　ジャンプするときの気持ちよさに惹きつけられるというのは、小さい頃からありました。例えば、二階から飛び降りてみるとか、かなり大きな水たまりを飛び越えようとするだとか……。そういうときのふわっとするような感じや、それに続いて訪れる、足から頭まで伝わる衝撃感も好きでした。ジャングルジムや滑り台のてっぺんから飛び降りるという遊びを、幼い頃よくやっていた。そのジャンプする感じが好きという記憶は、私の中のかなり古い層に属しているように思います。

香山　これは拭い去れないというような、古くて深い記憶をお持ちなのですね？

入不二　幼い頃、いつもいろいろなところから飛び降りようとして危ないので、止められていた記憶があります。そんな高いところから危ないじゃないか、と。でもそういうときって、自分としては大丈夫そうな感じがしてしまうわけです。冷静に考えれば、幼稚園児にとって滑り台のてっぺんから地面への落差は危険である、という大人の判断は当然でしょう。大人はそう言うだろうなとわかったうえで、それでも大丈夫な気がしてしまう。大人の注意が理解できないのではなくて、「わかっているよ、それでも僕は大丈夫だよ」というような感じになる。変な確信のようなものに取り憑かれて、飛び降りたくなる。そういうときって勝手に飛び出そうとするので、「ダメ、ダメ」と無理やり腕を引っ張られていた感触も鮮明に残っています。

香山　大丈夫だという自分だけの確信って、自分の中からきたものと言うよりも、何かに引き出されたものとか、地面から呼ばれているような感じを伴っていた？

入不二　そうですね。たしかに、向こうから呼ばれている感じはあるんだけど、でも、こっちからエィッて飛ばないと、呼んでもくれないというような。むしろ、そこは微妙な相互関係があるという感じがします。完全に呼んでくれているのなら、そこに身を任せてしまえばいいのでしょうけど、そうはならないんです。あくまでも「飛んでみたい」、「飛ぼう」と思っているということが重要で、それに加えて「飛ぼうと思って飛んだならば大丈夫」というような、両方が組み合わさった感じです。向こうが完全に呼んでいるのではなくて、こっちがやってみたら、向こうが多分受け入れてくれるっていう、そういう感覚です。無茶と安心感の狭間で何かが起こる感じです。ふわっと飛び出したくなるその感じは、幼稚園から小学校にかけて特に強かったように記憶しています。その結果、よくケガをする子どもでしたが。

香山　それは飛ぶっていう意志と、受け入れてくれるだろうという確信、その二つが均衡の関係にあるところで生まれてくるということなのでしょうね。

入不二　はい。両者の均衡によって、危うく成り立つ（あるいは成り立たない）微妙なものですから、実際に高いところから飛び降りてみて、無事に着地できたからといって、「ああ、この感じだ！」となるとは限らない。「最初から安全な高さに過ぎなかったんだ」と思ってしまうかもしれない。安全過ぎてはダメだし、危険過ぎても大けがするだけに終わってしまう。その辺りの微妙な感じが、「思いっきりよく飛べば、受け止めてもらえて大丈夫だろう」だったのだと思います。

香山　それはもし描写するとすれば、「私が意志して、そして飛んだ」ということでは不足なわけですね。

入不二　そうですね。それでは不十分です。「私が飛んで、脚力が強かったからちゃんと着地できた」というのでもダメで、「大丈夫と思って飛んだからこそ、ギリギリで受け入れられた」というのが近いですかね。こちら側と向こう側の拮抗ですね。

香山　例えば、山内志朗さんが言われる「ハビトゥス」ですが、それはある場所に「住み込む」という仕方で存在しているというあり方の表現だと理解していますが、だとしますとそこでは、身体と環界とが互いに触発し合う中で、一種の場の力学が働くのではないか。そのことと拮抗し合う関係とは？

入不二　「拮抗し合う」と「住み込む」が違う

気がするのは、「住み込む」に対しては、「脱出する」や「壊す」もいっしょに働かないと「拮抗」にならないからでしょうね。ジャンプすることが、着地の安全性を完全に保証されてしまったら、冒険的な半面を失うことになって、台無しになってしまう。たしかに、ジャンプは受け入れてもらえるだろうという信頼から、ジャンプすることができるわけですが、しかしその裏面には、落っこちて、足を折ったり、死んだりするかもしれないことが張りついていないといけない。生きるか死ぬか、うまくいくかいかないかは、どこまでもやってみなければわからないという「賭け」的なものが残っていないと……。その危うさがないと、「拮抗」にはならないと思う。

気づきと没頭／モニタリングと解離

西田〔幾多郎〕は、「彼我の境界を喪失し、一体系をなさない一生」や逆に「複数の体系をなしてしまう一生」の出現については、いささかも危惧していないように思われる。また、自己において彼我の分別がつかないという問題についても、自己の成立の失敗、失調という観点からではなく、むしろ「発展」という視点で捉えようとしているようだ。

> 事実においては、物を離れて自己あるのではなく、われわれの自己は直ちに宇宙実在の統一力そのものである。

意識現象の統一力は神にも直結する宇宙の統一力に発展するものであるからこそ、ここでは彼我との間の境界など問題にするに足らない、ということなのであろう。……西田以来、私たちはごく自然に「自己」の自明性について寛大な態度を取り続けており、刻一刻変化する人格のゆるやかな総体をとりあえず「私」と呼ぶことで、大きな齟齬を感じずにすんでいた、ということがわかる。

（香山リカ「自我境界の融解」、西田幾多郎『善の研究――実在と自己』哲学書房、二〇〇五年、二七―二八頁）

香山　そういうことは、すごく極端に言うと、やらなきゃわからない、やった人でなきゃわからないという性質のものですか？　それとも、それを一所懸命に言語化して、一般の、何もやってないものにも理解できるようにいろいろといま書いていらっしゃるということですか。

入不二　やらなきゃ絶対にわからないもの、言葉が入り込むのがきわめて難しいものを、どうしても言語化してみたくなる。他人に理解してもらいたいというよりも、自分が言葉で理解したい。基本的に言葉人間であり、書く人間なんでしょうね。それが昂じて、試合の最中にも、あとでどう書くかを考えてしまっているところがあります。それは、レスリングをすることにおいては、あまりよくないです。いや、その渦中にあるときにはマイナスでしょう。

香山　じゃあ没頭してない？

入不二　ええ、そういう点では、没頭しきれてない。

香山　どこかに第三者の目もあるわけですね。それを実況中継しているような。

入不二　そうです。それはレスリング行為への没頭を阻害することはわかっているのですが、言葉人間である方に馴染んでいるし、年季が入っているので、どうしてもそうなってしまうところがある。

香山　それこそ男女関係だったらそれは失礼ですよね、没頭していないということだから（笑）。

入不二　ええ、相手に失礼ですし、嫌な奴です（笑）。でも、実際にはやっちゃっていますね。

香山　そういうふうに、なるほど（笑）。

入不二　まあ、自分にも負の結果として跳ね返ってくるわけですが。そんなことをやってるから、反応が遅れたり、微妙なところでズレて負けたり……。

香山　例えば、試合中にもう何が起きたかわからないみたい場所に、他の人はいるかもしれませんね。終わってみたらただ勝っていたとか、負けていたとかがあるだけといった……。

入不二　そうなってみたいです。

香山　そうですよね。見ている目が残っていると、没我といったふうにはならないですものね。

入不二　ならないです。これは一つの課題と言うべきでしょう。

香山　それはきっと脳科学的に言うと、前頭葉が発達しているから、前頭葉でモニタリングしているんです。その逆に、患者さんで、すごく感情的になってしまって、常に第三者の目で見ることができなくなっちゃう人がいます。そういう人に対しては、とにかくイメージとして、前方の部位にモニタリングする機能があるんだから、それがほんとうに役立つかどうかはわからないけれど、頭の前方の部位で自分を見ているようにするトレーニングをしましょうと、よくやるんです。怒っている自分のことを少し客観的に見てみましょう、と。それこそヴィパッサナー瞑想で「実況しよう」というのは、まさにそれだと思うのですが。いま怒っているなとか、今日は随分かりかりしてるわとか、それも少し大局的に俯瞰して、客観的に実況中継ができるようになると、感情的に爆発していたのが、若干落ち着くようです。入不二さんの場合は、それが恐らく逆で、実況中継をやめられないんじゃないですか（笑）。

入不二　でも逆に、完全に没入してさえいれば、それでいいというわけでもない気がします。身体が自然に動いていく没入状態と、自分と相手との関係性が冷静に眺められる俯瞰状態と、その両方がうまく組み合わさって働かないと、いいレスリングにはならない気がします。

それこそ瞑想もそうでしょうが、修行の最初のステップではふだん意識してはいない呼吸に意識的になるところから始めますよね。しかし、いつまでもその段階に留まっているのではなくて、呼吸に意識的になっていることとさえ忘れる次のステップもあると思うのです。さらにそれを経て、もう一度呼吸を意識することへと立ち戻ってみたときに、呼吸の質が上がっているということもあるのではないでしょうか。瞑想のことはよくわかりませんが……。同じように、レスリング行為においても、前頭葉的にやっていたことを、もっと古い皮質の方へと受け渡して没入を学ぶ段階と、再び前頭葉的な仕方で捉え直して、できていることの質を上げるという段階があると思います。しかも、その往復がある。私の「第三者的な目」というのも、ただ捨て去ればいいというものではなくて、まずは忘れられるような段階へもっていって、その後もう一度取り戻すべきものなのかもしれません。いまは、そこまでいっていないわけですが。

香山　うん、そうかもしれない。

入不二　無意識にやっていたことを、意識的に観察して実況中継して、磨きをかけた上で、もう一度無意識にできるように戻してやって……というサイクルを想定するならば、私は観察や実況中継が先にきてしまうタイプの人間なのかもしれませんが、どっちが先であっても、まだその先があるわけですから、次の段階に進めたらいいなと思っています。

解離反応とは、解決困難な葛藤に直面した際に、記憶や同一性、現実感などに関する統合を失うことによって、精神が全面的な崩壊から自らを守るという一種の非常手段のことを指す。これらの反応に基づく疾患としては、心因性健忘、心因性の遁走、離人症、多重人格などが知られている。メカニズムの説明からもわかるように、解離反応は精神がかなりの危急的な状態に瀕したときにのみ起きると考えられていた。ところが、これはまだ主観的な印象の域を超えないのであるが、最近、ごく簡単にこのメカニズムを作動させてしまうケースが目につくのだ。

（香山「自我境界の融解」、西田幾多郎『善の研究』三一頁）

香山　逆の人もいます。解離といって、常に自分を幽体離脱のように離れたところから見てしまうという。その症状は、解離とは反対の没頭し過ぎるような経験をしたことからきている。ひどい虐待とか、耐えきれない状況に追い込まれて、自分を幽体離脱させ、見降ろして、いまこれをしているのは、いままさに殴られようとしているのは私ではなく、私はこっちにいるから安全だというふうなことを、防衛のためにやってしまう人もいます。村上龍の小説に、『ラブ&ポップ』（幻冬舎、一九九六年）というのがあって、それは女の子が渋谷あたりで素敵なバッグを見つけ、それが欲しいという、ただそれだけの理由で援助交際をするという話なんです。私の患者さんでもいたのですが、その変なオヤジなんぞに体を提供しているのは耐えられないじゃないですか。そこで自分が幽体離脱して、金のためにあの変なオヤジと私はいま寝ているけど、私は穢れていないというように捉えようとする。『ラブ&ポップ』に、まさにそういう話が出てきて、村上龍ってよくそういうのがわかるなと思って感心したのですが。入不二さんが言われるような、自分が自分を眺めてモニターするということを意識的にやっていて、それは自分を守るためになのですが、それはそれで病的……（笑）。

病理としては、それは多重人格で、それが解離のメカニズムなんです。耐えられない状況から自分を守るために、自分の方が退いちゃうっていう状況で起こる。そこで離れた自分に名前がついて、「いま親に殴られたり、男に犯されている私は私じゃなくて、あれは、えーと、えーと、エミリーだ！」ということになると多重人格になる、名前がつくと。

木嶋佳恵の研究――ネットの魔術

さまざまな新しいメディアにより、私たちはこれまで以上にさまざまな顔や人格を持つことが可能となった。しかし、これまでの「仕事」と「家庭」、あるいは「日本語」と「英会話」程度の場面の違いとは異なり、メディアにより生まれる人格は思いのほか深いレベルでその人の「私」の分裂を生むことがわかってきた。たとえば、匿名のまま電子メールのやり取りができるインターネットで、自らを女性だと偽る「ネットオカマ」と呼ばれる男性たち。最初は冗談のつもりで女性のふりをしている〝彼〟と、それを信じてメールをやり取りする別の男性との間に恋愛感情が生まれることもある。もちろんどちらも同性愛者ではないので、「相手は男だった」とわかった時点で、恋愛は終わりだ。では、異性とメールを交換していると思い込んでいたあのときの自分の感情は、まったくのニセモノだったのだろうか？

入不二　瞑想などもモニタリングを意識的にやっていることになるわけですが、あるプロセスでの防衛機制としてモニタリングすることと、瞑想の一環として「意識的に」やることとは質的には違わないのですか？

香山　そうですね。さっきの例は、そうしなければ精神が崩壊してしまうという状況での緊急避難なので。そうなってしまった人は、今度は逆に統合させなければならない。そこで、経験をうまく語ってもらって、そのトラウマ状況を脱する方に導くというのは一つの方法ですが、それはすごく難しいことなんです。うまく統合させるということには、誰しもすごく難儀します。そこで私はうまくできないのですが、発症した状況まで退行催眠を使ったりして戻し、そこで「もう、あなたは穢れてないよ。大丈夫だよ」というメッセージをうまく送って、融合させるということをやっている人もいます。解離するということは、きっかけ次第で簡単に起きてしまう。

（香山「自我境界の融解」、西田幾多郎『善の研究』二九頁）

　人間の精神は、普通思われているよりもずっと壊れやすい。それと関連して、自己意識や身体感覚などを現代において条件づけているものが、あのＳＮＳをはじめとするネット環境ですね。誰も無関係でいることはもはやできないこの環境の中のどこに、自分や身体というものをどう位置づけることができるのか。この見通しを持つのは難しい、よくわからないことです。

　たまたま、いま話題の『ネット炎上の研究――誰があおり、どう対処するのか』（田中辰雄・山口真一著、勁草書房、二〇一六年）を読んでいるのですが、炎上に参加するのはどんな人なのかを取り上げた面白い本です。誰しも過剰な発信力を身につけてしまっていて、あのツールを使えば、それこそ芸能人や作家ともいきなり対話できちゃったりするわけです。そこでは、とにかく自我が、自分っていう意識がすごく拡張しちゃう。それでいて匿名ですから、私もよく経験しますけど、いきなりため口で、「お前はよう」みたいな感じで寄ってくる人がいるじゃないですか(笑)。「え? 誰だっけ、この人」ってビックリするみたいな。みんながみんな対話できるわけじゃないけれど、それがたまたまヒットして、見てしまったりすると、いきなり間のプロセスをぶっ飛ばして、例えば孫正義とか、ああいう人と急に話ができちゃったりする。その場合の自我って、どこまでの範囲を指すことになるのか、これはまったくわからないですね。

それこそSNSだと、アイコンから自分の顔写真まで、みんな好きなようにいじれるじゃないですか。ネットの世界だけで、何万人も読者がいるブログの書き手がいるんですけれども、その人の顔写真は憂いを含んだ白人の素敵な人なんです。一〇年ぐらいその人正体がわからないままきているから、すごく知的な印象の素敵な人というイメージが出来上がっちゃっていた。狭いネットの世界だけですけど、すごく影響力があったんです。それがほんとうはこんな人だったという写真が、最近になって出てきた。それは、さえない、ごく普通のおじさんで、多くの人の頭に住み込んでしまっていたそれまでのイメージは一体なんだったのか、ということになっちゃった。どっかから写真をもってきたのでしょうが、自分の身体のイメージですら、ごく簡単につくれて、他人の頭に侵入させることができるということですね。

連続不審死事件の木嶋《きじま》佳苗《かなえ》っていう人がいましたね。たくさんの愛人がいて、そのうちの何人かを殺害したという罪に問われています。仕事で、あのお姉さんっていうか、おばさんの裁判を傍聴したのですが、一回いったら、あまりに興味深くて、そのあと三回ぐらい傍聴に通ったことがありました。彼女もやはり、ネットの中ではすごく自分を演出していた。美人の料理研究家で、ピアノが上手でっていうふうに。アップしてある写真も実にうまい角度で撮っていて、それだけ見るとすごい美人なんです。文章もうまくて、メールで男の人をその気にさせちゃう力があった。幾人もの男に貢がせていたらしいんだけど、それはネットだけではダメで、会わなければ最後にお金を取ることができない。この事件の報道から多くの人がもった印象というか、謎として意識されたことは、写真を見ると、決していわゆる美人というのとは違うし、体もすごく豊満で、この人に会って、なぜあんな事件に巻き込まれる人がいるんだろう、というものだったと思うんです。ところが、裁判を傍聴していて、実に不思議な印象に囚われた。ともかく、ネットの中の文章とイメージが完璧だということがあって、それに加えて、傍聴席で聞こえる声がすごくきれいなんです。あと、字もきれいで、手書きの手紙も美しい。そんなこんなで、素敵な人だという感じがだんだん増幅されて立ち上がってきちゃう。報道された写真の見た目の印象なんか、ある意味、どうでもよくなってきちゃう。あそこまで自分のイメージを固めると、生身の身体って、もしかしたら最後はどうでもいいのかなって思うぐらい気にならなくなる。たしかにそこにいる人は美人じゃないし、いわゆるデブなお姉さんなんだけど、そっちの印象が消えていってしまう感じに襲われた。

入不二　木嶋氏のブログを読んだことがあります。それも踏まえてなのですが、いまの香山さんのお話の中で出てきた、手書きの文字が美しいとか、声がすごくきれいという点は、彼女の怪しい（？）魅力を支える上でポイントでしょうね。文字や声の美しさって、身体の延長というか一部であって、単なるイメージや印象ではなく、むしろ「生身」に近いのではないでしょうか。しかも、声や文字という身体は、顔の作りや体形とは違って、元から切り離して使うこともできる「生身」。彼女のブログを読んで感じられた文章の感触もまた、その延長線上にある彼女の「もう一つの身体」のようだと思いました。そこまで含めた「総合的な身体」が生々しく感じられるならば、ひょっとするとブスだとかデブだとかいうのも小さなことで、埋没してしまうかもしれない、いやもっといえば、ブスやデブだからこそ、他の「身体」の美しさが際立つということさえあるような気がする。しかも、こういうことを「技」として使いこなせる人だったのではないか。

香山　ネットの中で受け取っていた美人だという自分のイメージと、現れた本人との間にギャップがあったら、男の人にはそれが魅力になるんですか？

入不二　実際に会ったことがないので何とも言えませんが、もし逆に顔も体形も声も字も……何もかもが完璧に美しかったら、引きずられるような魅力は感じないかもしれない。むしろ、アンバランスなくらいに美醜の両極が同居している方が、怪しい魅力を感じてしまうのではないでしょうか。良い方ばっかりのフラットも、悪い方ばっかりのフラットもつまらない。フラットではない一点があってこそ、そこに落ちるし引っかかってしまう……。

香山　落ちるところの、その一点が……。

入不二　容貌をめぐる一点だった。

香山　決定的だという気がしますよね。だって生身の身体なんですから。でも、生身の身体というのもいくつかの条件の一つに過ぎなくて、それもそんなに決定的なものではなかったというところが、すごいなと思ったんです。普通、他はダメでも、生身が美人だったら……。

入不二　それだったら、凡庸なケースなのかもしれませんね。

香山　逆に、現実の顔とか体って大したものじゃないのかなと、そのとき、思っちゃった。

入不二　「実は大したものじゃないかもしれない」と、私も思います。顔や体形などは身体といってもほんの一部分で、身体は実はもっと広大な領域なので、ほんとうは別の領域によって「引っかかっている」のに、それに気づかないだけなのかもしれない。さらに、ここにイメージや印象の水準まで加わってしまうと、もっと複雑になりそうですね。彼女のブログをしばらく興味深く読んでいたけど、有料になったら読まなくなってしまった。私の「引っかかった」程度は、そのぐらいのものだったのでしょう。

香山　顔とか体は、人間にとって一番かどうかは別にして、かなり重たい要素に違いないと思っていたのが、どうもそうではないかもしれない。ほかの要因が揃っていれば、それは消すことができるんだ。これが、衝撃的でした。

自由になったという感じ——レスリングと武道

「レスリングの原始性」というのは、他の格闘技や競技との比較を念頭に置いて言われている。他の格闘技は、それぞれに闘いの或る側面や技術に焦点を当てて拡大し、磨きをかけていく（すなわちジャンルとして特殊化し洗練していく）のに対して、レスリングはむしろ逆で、もっとも基本的な身体の作りや力や動きという「幹」の部分だけを残して、それだけで競おうとしているように見える。動物にはない人間固有の「技術」の水準（武器の使用や高度な関節技や打撃技術等々）よりは、むしろ動物寄りの「肉体の素の力」が前面に出やすいのが、レスリングの特徴であると言ってもいい。いわば、取っ組み合いの原形保存である。

（入不二「哲学的なレスリング、レスリング的な哲学」）

香山　レスリングの話に戻りますけど、レスリングはあくまでも決められたルールの中での勝敗ですね。決められたフィールドの中での勝ち負けであって、そこで終わり、完結する。それが一つの魅力なんでしょうか？

入不二　逆に、終わらないというのはどういう状況を考えますか？

香山　どこかで書いていらしたけど、格闘技としてきわめて実践的な闘いだから、ストリートやそのほかどこでも応用可能なわけですね。けれどもあえて、ルールの中で勝敗を決する。

入不二　競技的な限定ですね。

香山　その競技化することで、何かが削ぎ落とされたりするんでしょうか？　それともむしろ競技化することで、逆に魅力が増したりする？

入不二　例えば、柔道などでは、競技化してしまったから本来の姿ではなくなったという言い方がなされることがあります。そのとき、「競技」と対立するものとして念頭に置かれているのは、恐らく「武道」なんでしょう。要するに「競技」と「武道」とが対比されていて、競技化する以前の本来の姿が「武道」であり、剣道でも柔道でも、そこから競技化して変形したという関係が想定されています。しかしレスリングの場合は、そもそも「武道」ではない。では、競技化する「前」のレスリングの姿とは何か？　あるいはそもそも「前」があるのか？　ということになります。しかも、武道へと遡ることのできる競技（格闘技）の場合には、ルール無用の殺し合いへと遡るベクトルをもつでしょうが、レスリングの場合には、その辺もだいぶ違うのではないか。つまり、レスリングの場合には、遡るとしても、殺し合いではなくて、哺乳類に共通に見られるような取っ組み合い（じゃれ合い）になるのではないか……。だから、競技として勝ち負けを決める試合よりも、スパーリングの方に、より強くその原形が保存されていると思う。

香山　白黒つけるんじゃなく……。

入不二　白黒「つける」のではなく、白黒が「転換」し続けるのを楽しむ、というのに近い。けんかや殺し合いだったら、相手をのしちゃわなければならい。相手を殺すか、殺すまでいかないにしても、擬似的に殺すわけですね。

香山　まいった、って言わせるわけですね。

入不二　そこが、レスリングと本質的に違うところかもしれない。レスリングからはサブミッション（関節技や絞め技）によるギブアップは排除されていて、ピンフォール（両肩をマットにつけること）のみが最終ゴールですが、そのことの意味は大きい。つまり、「殺さずに生かしつつコントロールする」ということが、レスリングの核心にあることと、起源へと遡行しようとすると、子犬でも、子猫でも、あるいは猿やゴリラの子どもでもいいんだけど、動物の子どもどうしがじゃれ合っているような、そういう遊びに近づくということは、同じ一つのことなのではないでしょうか。さらにいえば、古代ギリシアでは神様への捧げものとしての肉体賛美だったそうなので、殺し合いや血を見ることを忌避するのも当然ではないでしょうか。

香山　ストリート的な、いわゆるシュートのような勝ち負けには興味ないんですか？

入不二　それはそれで興味はあります。最近はブラジリアン柔術をプラスαで学んでいて、レスリングとの違いを比較するのも面白いテーマで、今後の課題です。

香山　昔、このニュースを聞いたとき、すごく印象的だったのですが、ウガンダのアミン大統領とアントニオ猪木が異種格闘技戦をやるという話がもちあがったことがありましたね。猪木はこれをプロレス的に考えていたのかどうかはわかりませんが。

入不二　ありました、七〇年代の終わり頃じゃなかったかな。

香山　アミン大統領の側も承諾して、「いつでもこい」なんて調子で盛り上がったんですが、私、これすごくシュールだと思った。もし、仮にリングで勝ち負けの決着がついたら、血に塗れた独裁者とまで言われたアミン大統領が悪政をやめるんだろうか、これはいったいどういうことなんだろう、なんでもかんでも、現実の政治までも、リングの上で決着をつけるっていう発想はどこからくるんだろう、なんて思った。猪木の方は、リングの上で勝ったら、お前はそれまでの悪政をやめろというメッセージを発信してましたね。

入不二　猪木的なプロレスの一側面がよく現れている話だと思います。レスリングとプロレスが、それぞれまったく異なるジャンルでありながらも、それでもなお連続しているのは、単に歴史的な事情だけではなくて、さきほど述べた二つのベクトルと関係があるでしょう。つまり、「殺す」方へと接近していくベクトルをもつのか、「生かしてコントロールする」方のベクトルをもつのか。プロレスは、圧倒的に後者なのであって、前者を封印しておくためにも信頼・協力関係が必要なのでしょう。プロレスは大いなる生かし合いであり、「殺し合い」の表象までも生かし合いの中で生かしてしまう独特のジャンルです。プロレスとレスリングが、遠く離れていても奥底で共有しているのは、格闘におけるそういう「生かし合い」の要素かもしれません。その点で「死」を秘めた他の格闘技や武道とは異質とも言えます。

香山　違うんですね。

入不二　競技化という点に絞るならば、もちろんレスリングはボクシングや柔道などのジャンルに近いのであって、プロレスとはかけ離れているでしょう。しかし、「原型」へと遡ろうとする目には、レスリングとプロレスは近しいものに見えてくるということです。

香山　でも競技化されたとはいえ、競技の中ではやはり勝ちを狙うわけですね。

入不二　もちろん、競技化されるということは、ルール内での「勝ち」を目指すことによって成り立っているので、それを狙わないと競技自体が成り立ちませんよね。

香山　そこで「勝つ」となにが得られるんですか。

入不二　「勝つ」という言い方をすると見え難くなってしまうのですが、「勝つ」とは、「自分の技が、かかるまいと抵抗する相手にも上手くかかって、相手をコントロールすることができた」ことに等しいですから、結局のところ、ある種の自由の感覚が得られます。それは、「自分一人で思い通りの自由な動きができた」こと以上の「自由感」です。相手との争いがあって、自分の自由が脅かされる状況の中で僥倖的《ぎょうこうてき》に得られる自由だからこそ、拡張された自由感が得られるのでしょう。だから、力の拮抗する相手との間での闘いでしか、その自由感は得られない。差がありすぎては、ダメ。

香山　相手をのしてやるということには、完璧に制圧するとか、無抵抗にするという意味だけでは……。

入不二　単にのしてやりたい、やっつけたいということならば、レスリングの最終ゴールである「フォール（相手の両肩を一秒以上、マットにつけること）」よりも、ノックアウトしたり締め落としたり関節を破壊する方が、よっぽどそれにふさわしい結末です。むしろ、フォールは相手を一切傷つけずに、とりあえず制圧することの象徴でしょう。ほどいてしまえば、すぐ次のレスリングが続いていく。相手を破壊してしまうと、次が続かない。

香山　でも、人格的には「負けた！」って、敗北感に襲われるとか。

入不二　そりゃ、負けるのは悔しいでしょうが……。

香山　そこに快感があるわけじゃない？

入不二　相手に敗北感や屈辱感を与える快感ですか？　違うと思うな。

香山　違うんですね。

入不二　少なくとも私はそういうふうに感じたことは、まだないです（笑）。レスリング的にいい状態が自分にも実現できた、イメージの中だけでなく、技が実際にかかった……等々の喜びを与えてくれるのが「勝つ」ということです。

香山　あくまでも自分にそれができたっていう感じですか？　相手が泣いたとか、無抵抗になったとかいうことじゃなくて？

入不二　そういうことではなくて、ものすごく自由になった感じが、その瞬間には訪れるということです。

香山　なるほど。随分その意味では、勝った！　というのとは違う感じですね。

入不二　私がそういう勝利を味わえていないだけかもしれないですけど（笑）。

勝つことと正義

ここでもまた、あの「ビッグウェーブに乗る」という比喩が当てはまる。大波に乗ることは、波の「表面」で起こることである。波の力に常に飲み込まれそうになりながらも、とりあえず飲み込まれずに表面に留まっていられること、つまり危うさの維持に他ならない。この小説〔ドニ・ディドロ『運命論者ジャックとその主人』〕の場合には、「天上」が海（の奥深く）に相当し、「地上」がサーフボードや乗り手に相当するだろう。運命に（溺れることなく）乗ることは、その表面（運命）において、自由であることに他ならない。大波に乗ることが、その大波における自由なのであって、大波の「危険」に挑まないかぎり（＝陸にいるかぎり）、その自由を味わうこともできない。

（入不二『あるようにあり、なるようになる』三三六頁）

香山　自分が自由になったという感じ。なるほど、そこで得られる何かは、ほかのものでは代理がきかない何かなんですね。

入不二　お互いの身体に技をかけ合おうとするが、抵抗し合ってなかなかかからないということが最低限成り立たないと、手に入らないような自由です、きっと。しかも、抵抗する相手をただ封じ込めるだけだったら、首を締めて落とすとか、関節折って動けなくするという方向性もあるのに、レスリングではそれはやらない。つまり、相手の自由の可能性を根本的に断ったり、潰そうとしたりせずに、その可能性を生かしたまま制して、一時的な自由の優位性を享受すること。これが、レスリングにおける「バックを取る」や「ピンフォールの一秒」が象徴することだと思う。

香山　それは例えば、誰かと学問的な論争をして、相手の想定外の論理を使って、言い返せなくする瞬間……。

入不二　そのときの「論理」が、レスリングの「技」や「身体能力」に対応するならば、似ていると言ってもいいかもしれない。

香山　似ているんですか。

入不二　だからこそ、逆に自分が「技」を受けて負ける側であっても、「おっ、こんなふうにかかって、やられてしまうんだ」ということがわかるのはけっこう快感です。それが優れた技（論理）であれば、勝ち負けとは別の水準で、発見の喜びや驚きがありますから。

香山　そこで得られる、相手に技をかけられる側でも、自由になるっていう感覚は、日常のほかの場面でも応用可能なんですか？

入不二　どうなんでしょう。日常生活では、そこまで（レスリングや哲学的な議論のように）相手と絡み合うことがそもそもないですよね。その自由感は、自分一人では可能じゃないんです。つまり、自分がこれくらい速く走れたとか、これほど高く飛べたというのでは、実現できない。必ず抵抗する相手がいてくれないとダメなんです。しかも、相手が上手に抵抗できるような、できれば自分と同等か少し上まわる相手じゃないと、その自由感はやってこない。これは必要条件だと言っていいんじゃないかな。

香山　ケンカして「勝つ」ということとはずいぶん違いますね。

入不二　ケンカや殺し合いならば、「何でもあり」なわけですから、その場に偶々あった石をつかんで、相手の頭を殴って気絶させてもいいわけですから、「勝つ」ことの意味も相当に違うでしょう？　逆に、哲学の議論だと、局面局面の攻防や勝ち負けのようなものはあるとしても、ディベートでもなければ思想闘争でもないわけで、要するにケンカじゃないので、決着がつかずに続いていく方がずっと面白い。レスリングだと、爺さんになって動けなくなるまで、手の合う相手とスパーリングを続けたいなと思うわけです。

香山　ほかの人の試合を見るのも、けっこう面白いですか？
入不二　そうですね。でも、あまりにも地味なやり取りなので、自分でもやっている人にはその面白さがわかるけど、やっていない人には見ているだけでは伝わらない部分が多いかもしれない。
香山　ちょっと突拍子もない質問。勝つ方に、「正義がある」という感じはないですか。
入不二　正義！　考えもしなかった。
香山　正義をもって悪を制圧したみたいな、そういう感じにはならない？
入不二　肉体的なやり取り自体には、正義も悪もありえないでしょう？　それこそ、オリンピックに政治的な対立を持ち込んで、敵対国の選手に勝つことを「正義の勝利」とか、言うならば別ですが。あるいは、プロレス的な味つけや、物語的な面白みを付け加えるためだったら、ありうるかもしれませんが。要するに、ベビーフェイスとヒール。あるいは、闘うことのプレッシャーはもの凄く大きいでしょうから、それに打ち勝とうとして、等身大の自分より大きなものを、わざと背負おうとするということはあるでしょうね。「みんなの期待」とか、「国の威信」とか、「正義」とかを背負った気になることによって、実際に力が発揮できるという現象はあると思う。
香山　でも自分が勝ったとき、瞬間的に「正義が勝ったのだ」っていうような錯覚に襲われるということはない？
入不二　う〜ん、まったくない、ですね。
香山　ない？
入不二　ないですね。何も背負っていないですから。私のように楽しみや趣味でやっているのとは違って、もっと高い水準で、しかも追い詰められた状況の中で勝負を争う場合には、「正義」のような「大きなもの」を身にまとった方が、ただ単に競技の水準で闘うだけの個人よりも、強さをずっと発揮できるということは起こりうる。それは理解できます。そういう意味では、勝利と正義との連動はあるでしょう。

人権問題にそれほど関心を持たない人たち、あるいは韓国、中国の国家に良い印象を抱いていない人たちでも、デモで実際にヘイトスピーチが行われている映像を見ると、「良い」「悪い」といった判断の前に、まずは「これが日本の公道で行われている現実なのか」と大きな驚きを感じるのではないだろうか。「良い韓国人も悪い韓国人もみな殺せ」、「チョウセン人を日本からたたき出せ」、「日本人のみなさん、韓国人を見たらぶち殺しましょう」といったプラカードを目の当たりにし、「殺せ！」といったシュプレヒコールを耳にすると、「どうして法治国家でこのようなことが取り締まりの対象にならないのか」と素朴な疑問を抱く人もいるだろう。……デモが行われる際には「カウンター」と呼ばれるそれを阻止しようとするグループも集まり、公道は一触即発の緊張した雰囲気になる場合もある。

（香山リカ『劣化する日本人——自分のことしか考えられない人たち』KKベストセラーズ、二〇一四年、一〇六—一〇七頁）

香山　私は最近、正義について考えさせられることが多いんです。それは、行動の規範や普遍的な原則は、やはり必要じゃないのか、ないと困る局面があるんじゃないのか、というようなことなのです。というのは、私は一九六〇年生まれで、八〇年代に学生でしたから、時代の価値相対主義的な空気の中で生きてきたわけです。そんな中で、すごく象徴的だと思ったのは、八一年に出た田中康夫さんの『なんとなくクリスタル』（河出書房新社）という本でした。その中で田中康夫は、岩波新書を読んで感動するのも、ルイ・ヴィトンのバッグを買って感動するのも、同じなんだ、等価なんだっていうメッセージを発信していた。つまり岩波新書はありがたくて、ルイ・ヴィトンは物質的な欲望のブランドでくだらないというのは間違っているというようなことを言っていて、そのときはそれがすごく新鮮だった。いわゆる権威としての岩波文化的なものがありましたし、その前には女子大生がバッグを買ったり、ファッションにうつつをぬかしたりするのはくだらないことだという空気もたしかにあったので、それを否定するという意味ではすごく新鮮だったんですけど、それに自分もあまりにどっぷり浸かっていた。すべては等価な浮遊する記号といったような価値相対主義的な思考法、それが時代のムードだった。

ある意味で、そんな時代の空気にずっと毒されてきたわけですが、ここ数年、そうは言っていられない、正しいものと正しくないものがある、そこはきちんと線引きしなければいけないのではないかと考えるようになったんです。ここ二年ほど、社会的な運動に参加というか、巻き込まれていて、そんな思いが強くなってきたんです。いわゆるヘイトスピーチに対抗する運動なのですが、在特会(在日特権を許さない市民の会)をはじめとする路上での運動に、カウンターの位置から対抗して、もうそれはある種の実力行使でしかありえないんです。在特会のデモに向かって、「帰れ、バカヤロー、死ね」とがなりたてる。最近規制する法律ができたので、そんなつばぜり合いのようなことをする機会は減ると思いますが、行動に対して、即行動で対抗するというやり方が、一方ですごく批判されたりもしました。

批判はある意味で当然のことなので、それはそれでいいのですけれども、そんな中に、いわゆる第三者的な中立の立場で、「どっちもどっちだよね」なんて言うのがあった。「彼らにも言い分があるんだから、聞いてやれよ」とか、「自分の方に正義があると思って、レイシストや差別主義者に向かって、お前ら死ねって言うのは、同じ土俵にあがっていることになるじゃないか」というのもあった。批判する人たちは中立の立場があると思っていて、それこそ相対主義的に公平に評価しているという位置からの発言なんです。

目の前でやられているアピールや行動に対して、それらに対抗するために活動している私たちにしてみれば、それはまったく違う。一方ははっきりと人種差別の立場から発言しているわけで、そんな差別をしているマジョリティに対して、私たちは「バカ、死ね」と言い返しているのだから、言葉は同じでもそれはまるで異質なことだと思うんですが、世間から見れば、「韓国人、死ね」って言うのも、「在特会、帰れ、死ね」と言うのも同じだと見られてしまう。

でも、そこはやはり決定的に違うはずです。行動している側からすれば、まったく異質なことで、相手は人種や民族という、いわば人間の属性に対する誹謗や中傷をしていて、こちらはその不当な行為に対抗して叫んでいるのだから、まったく違うことなのだって主張するのだけど、わかってもらえない。

「どっちも、どっちだよね」という発言の背景には、人種差別や民族差別は絶対に正義とまでは言わないけれど、必ずしも「間違ってはいないのだ」、差別を発言し行動に表す人たちにも理由が、ある種の道理があると言われるのがいま平均的なんです。たしかに、どちらかが正しくて、他方が間違っていると決めつけるのは、私たちの世代としてはあまりに古くさい態度だったに違いないんです。でも、最近そんな行動の渦中にいると、そういった相対主義では対処できない局面があることを痛感していて、同様のことはほかにもいろいろあるに違いないと思いもするわけです。そこにはやはり、さまざまな関係の編み目の中で、行動を方向づけるといった意味での「大体の正義がある」と言えるのではないか。

いまどきの、普遍ということ

私は、決して叱責や処罰ではヘイトスピーチはなくならないと考えている。最近、精神医学の世界では、人びとが呈するさまざまな症状の根底には、これまで考えられていたよりもずっと高い頻度で、幼小児期に親から虐待されたり、養育放棄されたりしたことによるトラウマがかかわっていることに注目が集まりつつある。

実際に診察の場にうつ病、強迫性障害、薬物依存症などの〝衣〟をかぶって現れる人たちも、よく聞くと子ども時代にいろいろなトラウマを体験していて、それがおとなになってから別の病を引き起こしている、というケースが驚くほど多い。そういう場合、いま表に出ている病の治療だけでは本質的な解決にはならず、いつかそのトラウマと直面し、良い形で乗り越えていかなければならない。それはあまりにたいへんな作業なので、診察室でトラウマを掘り当てたのはよいが、「この先、どうしよう」と患者さんともども途方に暮れることも少なくないのだ。日本では、トラウマ除去の治療がまだ普及していない。

ヘイトスピーチ・デモに来ている人たちも同じではないか。彼らは自分が経験したトラウマを、より立場の弱い相手にぶつけているのである。だとしたら、彼らに必要なのは法律での取り締まりなどと同時に、そのネガティブな感覚や知らないあいだに抱えているトラウマに対する何らかのケアなのではないだろうか。……「劣化に対する治療」が必要な時代なのだ。

（香山『劣化する日本人』一一八―一二〇頁）

香山　ですからさきほど、レスリングの話なのに、その勝敗に「正義を感じる瞬間がありますか？」なんて聞いちゃったんですけど。

入不二　レスリング自体に正義も悪もないけど、過酷な闘いをやり抜くために「正義」を背負い、相手に「悪」の表象を見ると実際に効果があるかもしれないという話をしたわけですが、もう一つ、こんなこともありました。オリンピック競技として、レスリングの存続自体が危機に瀕したときのことです。政治的な意味では、互いに自らが「正義」で、相手を「悪」と見なしていたはずのアメリカとイランが、タッグを組んでレスリング存続をアピールするイベントなどを行い、見事に存続を勝ち取りました。その瞬間は、けっこう清々しいものがありました。その爽やかさは、一時的ではあるにしても、国交まで断絶しているのに、そういう政治的次元を超えて、より普遍的な価値（この場合はレスリングというジャンル自体）のために行動したことが引き起こしたのでしょう。この場面では、国の威信を背負う者としてではなく、レスリングの価値を背負う者として振る舞うことが、昂揚感を生んだ。いずれにしても、個々の肉体どうしのやり取りを超えたところの大きな「何か」を背負うことが、ある種の昂揚感を生み出し、その昂揚感自体が実際に「役に立つ」という点は、「正義」を称するときの共通点ではないでしょうか。

香山　何かを背負う、背負わないということにかかわらせれば、もちろん私も背負ってはいないわけですし、いま反差別の活動をしている人たちの主流は、当事者ではないんです。自分自身は差別されたことのないマジョリティ（社会的多数者）によって、「こんな社会は嫌だから」という前提で起こされる運動が、とりわけ3・11以降はずいぶん拡がっている。福島に自分が住んでいるわけじゃないけれど、原発は反対だ。あるいは差別されている在日ではないけれど、とにかく差別のある世の中は嫌だから反対する。マジョリティとして、当事者ではないのに、背負っているわけではないのに反対するというのが、いまの運動でかなり主流になっていると言っていいんじゃないかと思います。私にしても、そういうふうに考えるとすれば、何も背負っていない、凡庸なマジョリティでしかないような人間なのですけれど、最近では、「やっぱりこれ、おかしいんじゃないの？」と言いたい、言わざるをえないという場面が多くなっている。

入不二　いや、当事者だから「背負う」のではなくて、大きいものを「背負っている」感じが好きだったり、それが実際に役に立ったり効果があるときに、その大きなものに「正義」という名前を与えるわけで、しかも本気で背負える者ほど闘いの場面では強い……。これ自体は、良いとか悪いとかの問題ではなく、現象を分析しているだけのつもりです。

香山　わかります。

入不二　自分を超えた大きなものを背負うという昂揚感と、「正義」と言いたくなる衝動とは必ず結びついているし、その結びつきが実際に効果となって現れるので、さらにのめり込んでいく……。

香山　これはよく言われることですが、「正義なんて普遍的なものではなくて、時代とともに変わるものだから」という考え方がありますね。もちろん、それはそうです。戦争を始めるときは、双方が正義をつくり上げるでしょうし、第二次世界大戦のアメリカは、一刻も早く戦争を終わらせるという正義に基づいて原子爆弾を投下したのかもしれない。絶対の正義などあるわけはないのだから、いまあなたがたは差別主義者を攻撃する、口汚く罵るのが正義だと考えているかもしれないが、そんなこともまたすぐ変わるかもしれないではないか、と言われる。だからといって、そこで何も言わないということはできない。ですからさきほど言った「大体の正義」はやはり普遍的にあると考えるべきではないかと思うんです。とにかく、民族差別はいけないことなのだというのも、その一つだと……。

入不二　しかし、「正義」を掲げての闘い方としては、どういう「正義」の名のもとに闘うにしても、単に闘い方の問題として考えるならば、「大体の正義」や「ほどほどの正義」と言ってしまった時点で、それだけで負けているような気がする。さきほどの、昂揚感の効果を弱めてしまうから。

香山　そうですか。

入不二　「大体」とか「まあまあ」とか「ほどほど」と自ら言うのでは、自らを立ち上げた「熱」を、自分で冷ましていることになりませんか。

香山　なるほど。こっちこそ「正義なのだ」みたいな？

入不二　「こっちこそ正義なのだ」という相手ならば、まだ同じ土俵に乗っている気がするけれど、「正義なんてクソ喰らえ！」だったらどうしますか？　「正義」でコーティングするのをやめて、情動むき出しで闘おうとする相手だったとすると、「絶対とは言えないけど、まあまあ大事と言っていい」くらいの「旗印」では、力を持てないどころか、敵の情動の火にさらに油を注いでいるだけになるかも。

香山　私の世代から一〇年ほど年下にあたる世

代の人たちから、私の世代にはそれこそ価値相対主義に毒されているから正義フォビアがあるって言われたんです。

入不二　なるほど（笑）。

香山　正義って言っちゃうと、なんかかっこ悪いとか。そんなもの、それこそ時代とともに変わるし、っていったような感じで……。「これが正義なのだ」と言い切れない。「まあ、いろんな考えはあるけどね」って言い訳をつける。あるいはバランスを取ろうとしてしまう。そういう構えは、マスコミに色濃くあるんじゃないでしょうか。どちらの意見も尊重するという姿勢で、両論併記にして、「いろんな意見があります。考えるのはみなさんです」といったことで逃げるという。それは正義フォビアだと言われて、たしかにそうだと思いつつ、でもそれを毒されていると言ってしまっていいのかどうか、これがまたわからないことなのですけど……。

入不二　でも、正義フォビアも正義フィリアも、ひと皮むけば同じ顔をしているような気もします。どちらも、「正義」が力を持つこと・持ってしまうことをそれほど疑ってはいない。価値絶対主義も価値相対主義も、「価値」自体の価値はとりあえず認めたうえで対立しているのと同じように。現実に起こっているのは、もうそういう対立でさえないのかも……。

香山　あまりコミットしないという、浅田彰さんの『逃走論――スキゾ・キッズの冒険』〔筑摩書房、一九八四年〕を読み、真剣に向き合って踏み込んだりせず、逃げろ、逃げろというメッセージに、かなり深い影響を受けた。これは浅薄で表面的な理解に違いないんですけど、そんなふうな感じできた結果が、いまみたいなことになっちゃっている。その辺りの自分に、贖罪《しょくざい》のような意識があって……。

入不二　「贖罪」とまで言われてしまうと、価値相対主義から価値絶対主義への「転向」が、あるいは、価値の横並び謳歌から価値のヒエラルキー容認への「転換」が、何か時系列の中で展開してきた成熟の「物語」のようにも聞こえてきますね。でも、そんなふうに「因果の物語」を読み取ってもいいものなのでしょうか？

香山　それは独立の事象でしょうか。

入不二　むしろ逆に、転向や転換なのではなくて、同一のことが続いているというのが真相で、表面上の戦略だけが変わったのかもしれない。さきほど言った「むき出しの情動」みたいなものが嫌で、それを回避する方法が、或る時には「横並び」路線で、或る時には「ヒエラルキー」路線という変化なのかもしれない。でも、そういう路線（戦略）の変更では太刀打ちできないぐらいに、情動がむき出しのまま溢れ出してきている……というのが現実なのでは？　そんな現実の中では、どんな正義を掲げてみても、情動まみれになるのは当然ではないでしょうか。あえて「普遍」と言うならば、「正義」の方ではなくて、「むき出しの情動」の方が、まるで「普遍」的な何かであるかのように現れている気がします。

レスリングの話に戻すと、試合前なのに俯瞰的になって、自分の弱点を反省ばかりしていたら、試合前から負けているに等しいですよね。「大体の正義」とか「贖罪のような意識」って、それに近い気がします。無理やりにでも、勝つことに没頭しないと、そもそも勝負にならない。

香山　じゃあ、勝負に臨むときはいつも、そういう強い気持ちでやる？

入不二　それはそうです。でも、私はいつも中途半端に終わっている気がします。どうも、闘うために必要な情動（闘争心？）が、十分には備わっていない気がする。そういう情動を何とかして開発していくことも、今後の課題ではありますね。

終焉に別の光を

香山　話がずれますけど、私、最近プロレスが見られなくなっちゃったんです。プロ野球も大好きなんですけど、これもまるで見にいかなくなった。もっと、「ガチな」勝負が外にある、っていう感じで（笑）。政治も経済も、何か現実の傾斜が急にきつくなってきて、ガチなこと、とりあえず対応を迫られ、留保なしに行動しなければならない状況がすごく多くなったからだと思うんです。

ヘイトスピーチの問題も、安保法制の問題も、私にとってはガチなことなんです。つまりいま被害者が、在日の人がここで泣いているのに、「死ね」、「埋めてやる」という言葉を投げつける。それに対してはもう、目の前で止めるしかない。やっぱり「やめなさい」とか、「うるさい、帰れ」と言うしかない。

よく言われるんです。「あなたは言論人なのだから、それこそ分析するべきです」とか、「対話すべきです」と。それはもちろん、できるならやります。それを問題として記述するとか、考えるとか、分析するなども、もちろん大事なんです。でも、いま目の前で起きていることに対して、そんなテンポで、「さあ、君たち対話をしよう」とか、「君たちがやっていることを精神分析でいえば」などと言ってもしょうがない。認識するより前に、とりあえず行動を起こさざるをえないという事態が増えていることはたしかです。何をおいてもまず実践ということなので、するとここにも認識との間の乖離が生まれざるをえなくて……。

入不二　さっきの正義の話に戻りますと、正義が絶対的であるにしろ、相対的であるにしろ、どちらにしても人間的な事象ですよね。しかしほんとうは、そもそも人間がいる、地球上に存在していること自体は、別に正義でも何でもないわけです。そう考えると、普遍的な正義が必要というお話は、どこかで人間がいるということを「良い」ことだと前提にしていることになりますね。その「良さ」に支えられてこその「普遍的な正義」……。

香山　そうですね。

入不二　でも、その辺まで含めて危うくなってきているのかもしれない。「正義」をめぐって争っている段階ではなくなって、「正義」の底が抜けていると言いますか……。「人間が存続するのは良いことだ」とか、「おおもとの（根源的な）良さというものがある」とか、そういうより深い基盤の部分を当たり前のように受け入れられていた段階が終わろうとしているのかも。それは、深い基盤だったからこそ、その上に立脚してかろうじて成立する「正義」のような上物によっては支えることはできないし、それでは本末転倒になってしまう。少子化の問題にしても、「人間がずっと続いていくことはいいことだ」という前提に立っての話ですね。

香山　そうそう。そうなんです。

入不二　もちろん、その「底」の問題には蓋をしておいて、考えないようにしておくという手もあります。でも、いったん蓋を開けてしまったら、見ないようにはできても、ないことにはできないというか……。別に人間はいなくてもいいし、いずれいなくなるのなら「延命措置」をする必要はあるのかとか……、そこからはいくらでも問題が湧き出します。

香山　人間って、種《しゅ》としては賞味期限があって……。

入不二　どうせいずれは、滅亡する時がきますよね。

香山　ですから、これから続いていく若い世代には気の毒で……。

入不二　いや、「気の毒」というのとは違うのではないでしょうか。最後に立ち会えるなんて光栄であるとも言える（笑）。人類の歴史スパンのどの辺りで生まれて死ぬのがいいのかなんて、決定的な答えはないでしょう？

香山　ジョニー・デップが面白いジョークを飛ばしていて、「トランプ大統領になったら素晴らしいよ。アメリカの最後の大統領を目撃できるんだから」って（笑）。うまい！　と思いましたけど、たしかにそんな感じがする。アメリカっていう国がこれで終わるのかしら、と。

入不二　人間が終わりになることも、別に特別なことではなくて、ただの一つの出来事として捉えるのが「底が抜ける」という認識でしょうから、その認識に忠実になるならば、特別なことのように思って燃え上がるのはおかしい。でも、ただただ忠実に認識するというのは、なかなか難しいので、どうしても燃え上がりや絶望などを引き寄せてしまう……ということはあるでしょうから、それなりの手当ては必要かもしれません。

香山　そんなに静かに……（笑）。

入不二　ええ。別に良いことでもないけれど、特に悪いというわけでもないわけですから、それをその通りに、感情に影響されずに認識できた方がよくはありませんか。真理と人情とを区別すると言うと大げさですが。そういう意味での「死」の訓練も、あってもいいかもしれません。

香山　もの静かに受け入れることができるかな。昔の映画に『渚にて』〔スタンリー・クレイマー監督、一九五九年〕というのがありました。核戦争が起こり、だんだんと放射能が地球を覆って、人類が終わっていくという映画でした。残った人たちは少しでも汚染されていない地域へ逃げていくのですけれど、そこも次第に侵されて、最後を迎える。それを静かな経過として描かれている話なのです。静かに死んでいくという。でも実際には、パニックになったりするんじゃないですか。生き残ろうとして、そんなに静かには……。

入不二　でも、じたばたしても仕方がないと、ほんとうに深く納得できたら、わざわざ無駄なことはしなくなって、別に特に「静かに」というのではなくて、ふだんと大して変わらなくなるのではないでしょうか。それしかなくて、結局そこに落ち着く、というような感じでしょうか。個人として死ぬときも、そんなに違わないのではないでしょうか。

死の訓練――密教の哲学と顕教の哲学

香山　そういう意味の死の訓練も必要なのでしょうか、これから……。

入不二　「死の訓練」は、昔から哲学と深く関係していますね。さきほどの話は、個人として死ぬことではなくて、種のレベルでの絶滅ですが。

香山　絶滅！　すごいな、それは（笑）。けれど、それは至難のことではないかな。例えば、原発も廃炉のプロセスを経なければならないわけですけど、さていまから廃炉に向かうとなると、大学の原子力工学科などにも人がこなくなると言います、当たり前ですけど（笑）。私は、もし廃炉学や廃炉講座があったら、といった覚悟は、滅びの美学のようで、私が死に水を取るといった覚悟は、素敵だなと思っちゃうんですけど。「それを産業にすればいいじゃないですか」と言ったら、「そんな先行きもないような廃炉などに、若者がくるわけないじゃないか」って言われた。原発推進と言わなければ、原子力工学科にも人がこなくなってしまう。言われたような「絶滅学」みたいなものに、人が寄ってくるでしょうか（笑）。

入不二　死や絶滅を考えると言っても、いろいろな視点でアプローチできるのでしょうが、哲学は「死」を非人間的に思考するための場にできると思う。哲学の議論は、人間的なもの・この世的なものから離れるように思考する方向と、逆に引き戻すように思考する方向との闘いだと見ることもできる。例えば、「心」について考えるにしても、それを通じて「魂」のような特別な在り方を切り出そうとするのが前者で、身体と関係する限りでの「心」だけを扱えば済むと考えるのが後者でしょう。非人間的な思考とは前者の方向ですが、「死の訓練」とは、まさに後者（人間的次元）から前者（非人間的次元）へと思考の向きを変えるための訓練でしょう。人間的な次元へと引き戻す力が強いからこそ、「訓練」しないと向きを変えられない。

香山　でも人は、哲学を生きるためにあるもののように……。

入不二　「生きるため」は、その思考の方向転換を一度経た上でならば、逆向きとしては意味があると思う。しかし、そっちの方向だけが全面化してしまうならば、少なくとも私は、息苦しさしか感じませんね。そんな「生」の覆い尽くしから、頭を突き出して外の空気を吸えることが、哲学のいいところのはずなのに……と思ってしまう。

香山　いま「……の哲学」というのがはやっていますけれど、あれも「生きるためのヒント」として一般には読むんじゃないですか。

入不二　そんなに「生きる」ことばかりに注意を向けてこだわっていては、逆に気持ちよく生きられなくなってしまいませんかね……。むしろ、そういう凝り固まった状態をほぐすためにこそ、生きることにもどこか無頓着な哲学こそ、役に立つと思うのですが……。でも、それを「楽に生きるために哲学は役に立ちますよ」と言ってしまうと、再び生きることの内側に取り込まれて、元の木阿弥になってしまう……。人間の生から離れる側面と人間の生の内に戻ってくる側面とを、密教と顕教のようにうまく使い分けられれば、一番いいのでしょうが。私個人としては、哲学とレスリングにそれぞれの側面を振り分けて、バランスを取ろうとしているのかもしれない。

香山 いま思い出したんですけど、患者さんに山ほど悩みを抱えているすごいおばさん――おばさんって言っちゃ失礼なんですけど――、それこそ嫁舅問題から夫との仲、経済的困窮から子育て、自分のうつ病まで、ともかくいろんな問題を抱えていて、本もよく読む人だったんです。その女性がある日、「先生、私『超訳ニーチェの言葉』（白鳥春彦編訳、ディスカヴァー・トゥエンティワン、二〇一〇年）って読んだんです」と言うので、ちょっとビックリして、「それで、どうでした？」と聞くと、「すごく癒やされました」って。いったいどう読めば、ニーチェから癒やされるんだろうと思いながら、「それは、よかったですね」と答えたんですけど、ニーチェですら癒しの効果を期待して、生きるヒントとして読んでいるこの時代っていったい、と考えてしまいました。

入不二さんも哲学を教えておられるわけですから、学生さんから「どう生きたらいいか教えてください」って言われることがあるんじゃないですか。

入不二 大学での私の所属は心理学科なので、学生は臨床心理学や実験系の心理学専攻の人たちです。でもわずかですがその中に、自分の興味は心理学ではなくて実は哲学だったのだと気づく学生もいて、そんな人たちが私の講義や演習を好んでくれます。その人たちは「どう生きたらいいんですか」と悩むようなタイプではなく、例えば「ある」ことと「あるとわかる」こととの違いや重なりに不思議さを感じるタイプの方が多い。人生論的な問題に悩む人は、むしろ心理学へと向かう傾向があるかな。

香山 それはいいですね。私、中世哲学がご専門の山内志朗さんに私淑しているのですが、山内さん、新潟で教えておられるとき、あまりにも学生が「どう生きたらいいですか？」式に問うてくるので、手相を勉強したんですって。すごいんですよ、山内さん！「ま、そこへお座り、そんな話はいいから、手を見せてごらん」と言って、手相を見、「君はこうで、こうなっているから、こう考えた方がいいのじゃないか」とそれなりのことを言ってあげると、すっかり納得して、「わかりました。先生、ありがとうございます」って言うんだそうです。これ、なかなかすごい、と思って……。

入不二　山内さんらしいな。

香山　以前、永井均さんと対談したときも、「私のところにも、『私とは何か？』と問うてくる人がたくさんやってくるので、困る」と言われていて、「だって、そういう本を書いてるじゃないですか」と返したんですが。

入不二　永井さんも密教と顕教の両方をやっているからこそ、その「顕」の部分でそういう読者や学生を引きつけるのだろうと思います。「密」の部分では、人生論的な「私」の問題とはかけ離れているのに。

香山　でも、永井さんの本を読んだからといって、生きる意力が湧いてくるとは思えませんけど。

入不二　いえ、その「密」と「顕」の見事な調合によって、気分が晴れる人がいてもおかしくないと思いますよ。

香山　そうですか！　ちょっと、どん詰まりで、絶望的な気がしなくもないですけど。

死の意味を洗い直す

香山　さっきの話に戻せば、人類はいずれ滅亡するという地点に立って、それを前提に考えるということも、絶望的というか、かなり衝撃的で……。

入不二　そんなに衝撃的なことでしょうか？

あまりにも当たり前で、ふだんは忘れているだけなのでは？

香山　それはちょっと無理じゃないかな。だって、経済でいえば、成長戦略というのをこれほどまで手放せないわけですね。ビックリするのは、景気を評価するのに、現状維持のときは「ゼロ成長」と言って、下がったときは「マイナス成長」と言うんですよ、どちらも「成長」（笑）。

マイナスはマイナスであって、成長とは言わないんじゃないのと言うと、とにかく「成長」という言葉を外せないってことなんですね。ほんとうに成長しなくなったらどう表現するんですか？と経済学の先生に聞いたら、それは実はそんなに大したことではないし、いささかは現実でもあるんだけど、あたかも神話のように、少しでも経済がマイナス成長になると、あるいはそう表現すると、みんながすぐにシュリンクして、すぐに国家が滅びると言うのだそうです。そんなこと、あるわけないのに、とにかくマイナスになるということに対しての、ものすごい恐怖心があるんだと言われました。民主党政権の鳩山由紀夫内閣でさえ、「グリーン・イノベーションによる新成長戦略」と言っていて、結果として数値にして何パーセントは押し上げる効果がある、と試算を示さざるをえない。もちろんそう言わないと、財界・経済界からの支援が得られないということも一つあるに違いないけど、それだけじゃなく、それこそそういう発想が前提になっていて、そこから転換することができないっていうことだと思う。ブータンの幸福度が話題になったり、ウルグアイの「世界でもっとも貧しい」ムヒカ大統領が、日本人はもっと「貧しくてもいいじゃないか」と言えば、みんな感動して「そうだ、そうだ」と言いますけど、それは言ってみれば息抜き程度のことに過ぎない。絶対あっちには、つまり生き方や制度を、数値を下げる方には舵を切れない。ムヒカ大統領の「貧しくても、こんなに豊かな生き方がある」というメッセージを、ほんとうにそうだと受けとめるのは、むしろそちらに決して舵を切らないことが前提になっているからだとしか思えない。

入不二　ちょっとしたガス抜き……。

香山　そう！　ほんとうにそうだと言いながら、じゃあそうするのかと言えば、絶対にできない。

入不二　単なるガス抜きだけをしながら、奥の院には踏み込めないというのは、さきほどの言い方で続けると、「顕」と「密」の連携が失われてしまって、スカスカの「顕」だけ残るようなものでしょうね。

香山　大学だってそうですね。受験生が減ることを、ほとんどヒステリックに嫌がっている。子どもの数が減ってるんだから、減って当たり前なのに。そんなことで大学どうしが競争したりしている。そこへまた、受験業者がつけ込んで、合格した受験生を逃さないためにどうするか、と提案してくる。大学の方は、そんな対策にまた多額の資金を使う。少子化なんだから、仕方ないでしょ、と思うんですが。

そこへまた、文部科学省が大学評価の枠をつくって、それに乗って奇妙な入試制度や教育プログラムをつくっちゃったりした挙げ句に、予算はここまでと制限されて、ぽしゃっちゃったり。大学評価の基準になっているグローバル化というのも単なる英語化に過ぎなくて、英語でカリキュラムをつくれとか、ほとんど末期的と思われることばかり……。

現在の問題に対して手をうつ、なんらかの努力をしていると言っても、そのほとんどが既得権益の保持でしかない。そんな状況をもう一つ裏返して言うとすれば、滅亡しか見えないときに、それを前提とするのか……。

入不二　そっちの問題には、今度は別の意味での「顕」と「密」のいやらしい連携がありますね。

進歩や改革や新しさを装うのが「顕」で、その実（密）は古い権力欲の発動だったり、切り捨てのための正当化探しだったり……。横文字でコーティングした「何とかプログラム」には、そんな連携が透けて見えます。そういう連携は、遠からず機能不全に陥って、自然死を迎えることになると思いますが。

ところで、「絶滅」が、絶望的でも希望的でもない、ただの出来事として現れてくるのと同じように、個人としての「死」についてもまた、似たようなことが言えると思うのです。自分が死ぬことへの過剰な恐れや、自分が死ぬことへの過大な意味の付与は、顕教的な哲学、あるいは方便としてはそれなりに役割があるとは思いますが、そのもう一歩奥には、そんな風に怖がったり意味づけしたりすることを撥ねつけてしまう「わからなさ」が控えている。自分の死とは何が起こることなのか、あまりにもわからないので、あれこれ思いをめぐらせても仕方がない。どんなふうに考えても、その「わからなさ」からは必ず逸《そ》れてしまう。だったら、「わからない」ままにしておくのが一番。それでも、何か言いたくなるのが人情なので、そのときにはいろいろと方便を使う。例えば、「私の死なんて存在しない」とエピクロス的に言ってみることも、一つのやり方でしょう。ここにも、顕と密の連携がある。結局、死ぬことは、特に怖いことでも嫌なことでもないし、もちろん、逆に怖くないとか嬉しいと言えるわけでもないし、やっぱり、わからない。

香山　それは自分の死ですね。人の死はどうですか？

入不二　う〜ん。違った仕方ではありますが、「わからなさ」は他人の死にもあると思う。小学生の頃の話ですが、同級生が遠くに転校してしまったことがあって、また、その頃に親戚のお葬式があって、大人たちは「寂しくなりますね」などと言っていた。遠くに引っ越した同級生とは、そんなに仲良しでもなかったので、もう会うことはないと感じていたし、実際それから一度も会わなかったのですが、そのように会えないことと、死んだ人とはもう会えないということとは、一体どこが違うのだろう？　生きているけど遠く離れていて会えないことと、死んでいてもう会えないこととは、そんなに違うことだろうか？　などと小学生なりに考えていました。でも、まわりの大人にそんな疑問を伝えると、たいてい「生きていることと死んでいることとは、全然違うでしょ」みたいなことを言われたのを、よく覚えています。

しかし、大人の方は違いがわかっているけれど、私はまだ幼いからわかっていなかっただけ、というのでは済まない気がします。遠く離れて会わなくなった（これからも、もう会うことはない）人と死んでしまった人とでは、ほんとうに決定的に違うのだろうか……。実際にもう会うことがないという点では、何の違いもなく、両者の違いが露わになることはそもそもない。

もちろん、「可能性」という考え方を入れてくれば、差をつけられるようにも見えます。遠く離れていて会えない人には会う「可能性」が残っているけれど、死んでしまった人にはその「可能性」さえない、という具合に。でも、単なる可能性があるだけで、遠く離れているために実際には絶対に会うことはない場合には、結局は可能性が無いこととそれほど違わないのではないか。可能性と言っても、現実味のない可能性があるに過ぎない。そして、死んだ人の方だって、可能性ということを持ち込んでよいならば、死後の世界で会う可能性とか死者の蘇りの可能性とか、空想的な可能性を付け加えてやれば、会う可能性がまったく無いわけでもなくなる。

ということは、「可能性」という考え方を導入しても、「遠く離れていて会えないこと」と「死んでいて会えないこと」とは、もう一度接近することになって、その「差」が決定的かどうか、もう一度わからなくなる。「わからなさ」が戻ってくるわけです。結局「会えない」という一つのことがあるだけで、違いなどほんとうは無いに等しいのでは？ とも思うわけです。

香山 たしかに遠く離れて会えないと思っていた人が、後で聞くと、もう死んでいたっていうことがありますね。

入不二 それもありますね。

香山 え？ 死んでたんだ、と。でも、死んでいたことを知らない期間があるわけですね、会えるかもしれないと思いながら。けれど、死んでいても生きていても、そこはあまり変わらないのだな、みたいな（笑）。

入不二 そうです。そういう感覚です。

香山 あるいは、小説を読んでいて、面白いなと思って、改めて作家の消息を追ってみたらすでに死んでいたりして。この人、死んでたんだ、といったこともありますけど。

入不二 人が死ぬことで発生する不在や喪失は、「現に会えない」こと以上のものではない、とも考えられるわけです。とりあえず、「人の死」に関しては、その程度の感じ方でいいのではないかと私は思っています。死の問題でそんなに煮詰まる必要はないし、死を特別扱いする必要もないと考えているということです。「生きているけど会えない」ことと「死んでいて会えない」こととの差を少なく見積もるというこの態度は、私の人生においてはデフォルトのような気がします。要するに、「私の死」はもちろんですが、「他人の死」の場合でも、「死」の決定的な特別さというのは、やっぱり「わからない」ままだし、そのままでつかず離れず付き合うしかない。

もちろん、もう一方で、「死」を特別扱いしたい気持ちもわからないわけではありません。「会えない」程度の喪失ではなくて、もっと強い不在というか、完全な無の不気味さみたいなものが迫ってくる。「死」に関してそういう感じ方が生じるのは、さきほどの「会えない」みたいな「生」の内側の事象には、決してなりえないのが死である、と考えるからでしょう。

でも、ここは微妙なところだと思うのです。というのも、そもそも死が問題化するのは、あくまで生の内側からでしかありえないので、どんなに生の「汚染」から死を純化しようとしても、不完全にしかなり得ない。もし生の「汚染」から脱することができてしまうと、今度は何がどのように問題なのかも、わからなくなる。例えば、純化した死を考えるために、永井的な〈私〉の消滅を想定してみたとしても、その想定は普通の意味での（ということは不純な）「私」の死に変質してしまうか、そもそも無くなることが意味をなさない「むき出しの現実性」へと変質しまうか、そのどちらかになってしまうと思います。あるいは、その間を往き来するばかりで終わらないだけか……。

結局、どういう方向へいっても、「わからなさ」の間をたらい回しになるのが、死についての思考の「型」みたいなものではないでしょうか。そして、その型を正確に反復して思考していれば、「死」にまつわるさまざまなやっかいな感情は、消すことはできないまでも、かなり鎮められるような気がしています。思考が感情を宥めてくれるとでも言いますか……。

香山　ごく単純に、いままでいた人が、明日はいないということで、そういうこととは別に、寂しいという感情はあるんでしょうね。

生きてることが一番、身体に悪い
――病気と健康の価値転倒

入不二　感情はどこまでもつきまとうと思いま

す。それとは別に、生の内側で問題化するそいつ（死）は、実は生の内には無いことを本質としていることが実感されると、心が少し和みませんか？　ちょっと笑いたくもなるような。ところで、少し場面を変えて（生と死ではなくて）、健康と病気という対を考えてみますと、ここにもまた変だなと思うところがあります。

小学生の頃、反対語というものに違和感があって、テストで反抗（?）をしたことがありました。「明るい／（　　）」「楽しい／（　　）」「買う／（　　）」「始まる／（　　）」のような問題だったと思いますが、全部「……ない」を付けて答えました。「明るくない」「楽しくない」「買わない」「始まらない」……って。先生から全部バツを付けられた記憶があります。でも、「始まる」に対して「終わる」だけが「反対」というのでは、「始まる前」を無視していますし、「売り／買い」という反対と「楽しい／苦しい」という反対では、ずいぶんと違う感じがします。だったら統一的に（?）「……ない」で否定しておいた方がすっきりする。小学生なりに、そんなふうに感じていたのだと思います。

生と死も反対語のように見えて、実はそれほど単純ではなかったように、病気と健康もまた、単純な反対語のようには思えません。仮に、健康という状態を、病気が皆無の、病気ゼロの状態と考えようとすると、一番健康なのは、死んだ後とか、生まれてくる前になってしまう。生きている身体が無ければ、病気になりようがないという意味で、完全なる健康状態です。

この話の奇妙さが教えてくれるのは、健康と病気とは排反的な仕方での反対語ではないということでしょう。むしろ、生きている限りは、程度の差はあっても、何らかの病気であることがデフォルトであって、潜在的あるいは微小な水準でも病気をまったく含んでいない生などあり得ない。その意味で、生きていることと病気であることとは、むしろ一体であると。

その上で、あとは私たちの都合に応じて、その潜在する微小が見つからないから健康ということにしておくとか、逆にそれほど不都合もないのに潜在する微小な病気をどこまでも見つけようとするとか、病気が適度なバランスを保っていることを健康と見なすとか……。要は、デフォルトは病気の方であって、その上に必要に応じて健康という絵を書き込んだり消したりしているだけ。

香山　アメリカのジョークに、「健康のためなら死んでもいい」というのがあります。いわゆる健康オタクで、あまりにもやり過ぎて、かえって身体を損なうということですが、医者の現場でもそれと似たようなことがあります。これは医療ミスの話にもつながるので、具体的に言ってはいけないのですが、いろいろとブラックな話がありますす。私が医者になった頃の話なのですが、ちょうど三〇年ほど前、内科を専門にしていた友人から聞いた話です。食道静脈瘤の患者さんがいて、食道にできた静脈瘤が破裂して、吐血したりする症状なんですが、破裂させないための対症療法として硬化療法というのがあった。患部をX線で透視しながら詰めていく。破裂しそうな箇所を予防的に埋めていく。それに立ち合った友人が言いました。「救急の患者が搬送されてきてね、その人には大きな静脈瘤ができていた。硬化療法を採るということで、画面を見て患部を透視しながら、丁寧に詰めて、そこを埋めていき、それはそれは完璧に詰め終わったの。でもね、患者さんを見たら死んでいた」って(笑)。「完璧に詰め終わった」とはつまり医療的には〝異常〟がすべて取れた状態のはずだけど、ハッと見たら患者さんが死んでたって、本人はいたって真剣で、笑ってはいけないと思いつつ、必死に笑いをこらえたんですけどね。

もちろん死を究極の不健康と考えれば、患者さんは究極の不健康に陥ったんだけど、でも病気としては完治した、と。まったく皮肉です。でも、そういうことはあるんです。そこまで明確なケースでなくとも、精神科の現場であれどこであれ、医療の現場ではそういうことはありうる。私たち医者は、保健医療上の明細書であるレセプトに記載するために、なんらかの病名を付けますけれど、場合によればそこはきわめて曖昧な場合がありま す。

入不二　それは、自分が医者にかかる場合に、いつも気になるところです。例えば、歯の治療の場面であっても、私や香山さんは、もうあと五〇年は生きないわけですね。どんなに長生きしても三、四〇年ですか。そのスパンとの兼ね合いで適度に治療をしてくれればいいのであって、別に五〇年もつような治療をしてもらう必要はない。にもかかわらず、最先端の治療を勧められたりする。医者の観点からは、その「最先端」がもの凄く素晴らしいものであるとしても、私の人生においては、そこまで「治る」ことに大した意味は無い。不完全でも、そのまま生きているあいだ保つならば、それでいい。

香山　患者さんでもたまにいます。もう八〇歳なのにインプラントを勧められたと……。

入不二　おかしいですよね。

香山　おかしいです。でも、私などが医者の立場で、「あなたの余命の範囲で」などと言っちゃうと、その患者さんが怒って、「先生、失礼だよ。そんなに私、すぐ死ぬと思う」って。

入不二　なるほど。それを失礼だって感じることの方が、ほんとうは変だと思う。そのことは別に歯の治療に限らず、医療の全般に関しても言えると思う。どんな病気についても言えることでしょうが、別に完璧に治らなくてもいいわけじゃないですか。ある程度もつ、そんな状態が安定してしばらく持続すればいいだけで……。しかも、せいぜい何十年かの間だけ不都合が決定的にならなければ、それでいいだけのことです。

病気だけでなく、ケガに関しても、レスリングで何度もケガをした経験から、同じように考えるようになりました。ケガの程度が大きかった箇所は、いまでも完全には治っていませんが、完全に治すことに専念していると、レスリングができなくなります。痛みは気候に左右されますし、練習後に痛くなることもあります。あとは、残り時間との相談であって、残り時間のあいだは決定的に悪くはならないようにしつつ、それでも、ケガした箇所にとっては悪いこと（レスリング）を続けていくわけです。

その辺のこちらの考え方（人生観？）まで理解してくれた上で診てくれるお医者さんに出会うことは、なかなか難しいことなのですが、でもとても重要なことですよね。

香山　その点、私自身は、全体として考え方が変わってきました。医療の現場で長年、患者さんと向き合うということを続ければ続けるほど、何もしないのが一番いいっていうことがわかってきた。患者さんに対して、最近ではほんとうに何もしない。あるいは、治るのを邪魔しない。治るというよりも、そのままでいるところに、変に力かけて薬を入れたり、何かしら妙なカウンセリングをして、かき回したりするよりは、「そりゃ、誰だってそんなことありますよね」と言って、放っておくことが多くなった。

入不二　そういう「ある点を見切っているし、また信じてもいる」賢者のようなお医者さんに出会えると、患者としては安心できます。

香山　アメリカでは方向が逆で、世界的に使われているアメリカの『精神障害の診断と統計マニュアル』（DSM）というのがあって、二〇一四年にその第五版が出ました。いろいろと細かな点が改訂されているのですが、中でも一番問題になったのがうつ病の診断基準についての改訂でした。これまでは、「但し、家族との別離などの悲嘆は除く」という但し書きが入っていたのですが、それが削除された。ということはつまり、別離の悲嘆も程度によってはうつ病の範疇に入れていいということになったわけです。さきほどの死は必ずしも悲しむべきものではない、というお話と矛盾することですが、家族が急に死んだりすれば悲しいに決まっているじゃないですか。その悲嘆の状態まで、アメリカではうつ病としてよいということになってしまった。ここには、どうやら製薬会社の思惑と策動が働いていると言われていて、ちょっと陰謀論めいた話なのですが、どうもその通りに違いないと思える。ですから、たとえ家族が死んでも、次の日からニコニコして、「いや〜、もう元気です、私」って言わないと健康ではないといったイメージになっちゃっているんです。

他方で、その後に目を通したある研究書では、子どもを亡くした三四人の母親の面接記録があったのですが、そこで一番してほしくなかったことの第一位に挙げられていたのが「心ない慰め」でした。そして、「専門家からのアドバイス」が第二位。とにかく悲しいのに、「それは、うつですね」とか、「この薬を飲んでください」などというのがとにかく嫌だった、と。一番してほしかったことの第一位が、「何もしてほしくなかった」。その通りだろうと思うんです。そこから考えても、その医学などというものは、余計なことをして、その人自身の治る力を阻害しているし、病む権利をどんどん剥奪したりしていると思われる。特に最近、これはひどいと思うのは、老いる権利を剥奪していること、アンチエイジングとか……。私の病院でも、内科の医師が言っていました。ほんとうに嫌になるって。不調があると、すぐに血管にエコーを当てて、「あなたの血管はボロボロです」とか、

「動脈硬化が進んでいる」とか言うんだけど、そりゃ年を取れば、ある程度は誰だってそうなるに決まっている。患者さんを脅かして、画像データで目に見えるから患者さんの方もビックリしちゃって、「これ、どうにかしてください」ってすがったりする。そこで、大量に薬を出したりするわけです。老いる権利まで奪うのか、と思う。

入不二　まったく同感です。

香山　メディアの現象なんかを見ても、ほんとうに嫌になります。平均寿命も延びて、多くの人が年のわりに若くなってるから、いっそう老け込ませてはくれなくなっている。私なども、それはすごく感じている。私ももう五〇代の半ばなのに、雑誌なんかを見ると「美魔女」とかいろいろ出てくるじゃないですか。「まだいけます!」って、「これからがナントカ!」って、もうやめてほしいと思います(笑)。降ろさせてくれないんですね、なかなか。

入不二　「まだいけます!」と言われても、やっぱりダメなんだとわかるためには、一度はやって挫折してみた方がいいんじゃないですか。とにかくやってみて、やっぱりダメだなっていうことを、つくづく身体的に思い知らされないと気づかないものです……私のように(笑)。

香山　もう老け込みたいじゃないですか、いい加減。それに踊らされる私が悪いんですが、洋服買いにいっても、「こんなの派手ですよね、私も五〇だから」って言うと、「そんなことないですよ。それはすごくお似合いです」と、それは商売で、ものを買わせるためだから当たり前ではあるんですが、もういい加減、年相応に老いさらばえたい、と。

健康でなきゃいけないとか、老いちゃいけないとか、五〇いくつでも頑張んなきゃいけないって思わされちゃいますよね。入不二さんは、五〇代でレスリングを始められたんだから……。

入不二　レスリングをやっているのは、健康のためではないですね。いや、健康のためには悪いとさえ言える。もっと軽い適度な運動でないと……。ケガをすることも含めて、体に相当に負担がかかっているし、健康的ではないでしょう。でも、身体に悪いくらいにやり過ぎないと、レスリングではなくて他のことであっても、その面白さは十分には味わえないですよね。そういう意味でも、生きていることは、そもそも身体によくないことばかりだと思います。

香山　レスリングを始めるきっかけとお書きになっている、その三男の方はキックボクシングやめられたんですか？

入不二　いまはやっていない。

香山　お父さんだけ、続けてるんだ（笑）。

入不二　はい、父親だけが……（笑）。

（二〇一六年六月一四日。於・原宿）

第二章　この時代の深層マップ

香山リカ × 永井 均

思想なき時代の哲学とは

――社会主義の理念が力を失ったのは大きい。あれの存在は資本主義社会を健全に保つのにずいぶん貢献してましたから。ダメージが大きいです。酷い状態になっていると思うんです。

いまどきの〈普遍〉っていったい

――「難しいこと言うなよ」、だって「土人だろ」という反応は、ソフィスティケートの悪夢のようなかたちでの実現でしかない。ある意味で、ポストモダンの実現に違いないのですが……。

永井 均（ながい ひとし）
1951年生まれ。専攻、哲学。日本大学文理学部教授。『〈私〉の形而上学』『哲学の密かな闘い』『哲学の賑やかな呟き』

普遍の成り立ちをめぐって

われわれの社会は社会の価値観に疑問を感じない「鈍感」な「善人」たちのおかげで成立していることは疑う余地がない。そしてそれはたまさかのことではないだろう。社会の成立の根源には、欺瞞といっては強すぎるが、ある種の本質的な忘却のようなものがあるのでなければならないからだ。とすれば哲学とは、それをどうしても想起してしまうほどに敏感でありながら、危険を察知してそのことを語ることを差し控えようとはしないほどに鈍感な営みだ、ということになるだろう。……その営みが社会にとって余計なものだとは言い切れない。哲学は人類史において何度も新たな時代を切り開いてきたのだから。だが、つねにそうだと思うのは楽観的にすぎよう。その逆に作用する可能性もじゅうぶんにありうるからだ。しかし、そうだとしても哲学の求めるこの特殊な善（good）が消失することはないだろう。なぜなら馬鹿げたことはじつは理にかなっているからだ。それをどこまでも語ろうとする営みもまたどこまでも馬鹿げ切ることができない。

（永井均『哲学の密かな闘い』ぷねうま舎、二〇一三年、一三七―一三八頁）

香山　脳科学の最近の動向の一つに、マイケル・ガザニガ〔心理学者。一九三九年―。『脳のなかの倫理――脳倫理学序説』〕という脳科学者が構築しようとしている脳倫理学という分野があります。ガザニガは、意識には別に司令塔があるわけではないと言います。脳内のいろいろな現象がばらばらに走っているわけですが、それがたまたま一緒になったように見えるのが意識であって、意識の司令塔といったような中心はないという考え方なのです。けれども、これはやってはいけないとか、ここまでしてはいけないということは、人類に共通していて、何かそこには脳が直感的に感じとる普遍的な倫理のようなものがあるのではないかとしています。そこまでいくとちょっと飛躍があって、説明が難しく、ガザニガもきちんと言っているわけではありません。でもそうでも考えないと、いまSNSを飛び交っている一種の無法状態に向き合うことができないと感じています。

例えば、最近のネット上の話題では、「土人って言って何が悪い」というような反応が噴き出しています。ものすごい数の人々が発言する。「だって、土人だろう?」とか、とにかくすごいんです。言ってることはトートロジーに過ぎなくて、「土人に土人って言って何が悪いんだ」と。もっとひどい言い方もビックリするほどある。とにかく、むき出しの憎悪のような差別が……これはいったい何なのだろうと思うのです。単純に、それはお行儀が悪くなったといったようなことで説明できるのでしょうか?

永井　それじゃ今日は歴史的な話をしましょうか。

香山　ぜひ。何でしょう?

永井　いま世の中がこうなっているという、世界的な問題もありますし、もちろん日本だけの問題もありますが、何か歴史的な意味がありそうです。

そこでまず最初に、この前の香山さんとの対談〔「ヴィパッサナー瞑想を哲学する」『マインドフルネス最前線』サンガ新書、二〇一五年〕が瞑想の話でしたから、瞑想についていまはどうなさっているかという話をちょっとお聞きしましょうか。ああいう瞑想ってまたはやってきたじゃないですか、その後。

香山　はやってます。

永井　マインドフルネスとか、そういう言い方で。私も山下良道さんと藤田一照さんと三人で『〈仏教3.0〉を哲学する』（春秋社、二〇一六年）って本を出しました。あれもすごく売れているんです、どういうわけか。なんで売れているのかわからないんだけど。なんではやっているのかという問題も何か関係がありそうだから、今日はそういう世の中的な問題を考えてみましょうか。

香山　お願いします。

永井　いや、あんまり得意じゃないんですけどね。それでまず、香山さん、瞑想されてますか？

香山　私は何度か試したり、やめたりしていましたが、最近ではしばらく瞑想はやっていません。いわゆる「マインドフルネス認知療法」の勉強は続けていますが。自分自身のこととしては、瞑想ではなかなか問題を解決できないと思って、ここのところ実践護身術をやっています（笑）。体を動かす方にいってる。

永井　そうですか。運動？

香山　運動というか、クラヴマガというイスラエルの戦闘術です。子どもみたいですけど、それをやっているんです。そこには理屈も何もなくて、とにかくストリートで突然襲われたときに、どうやって一撃で相手をコントロールできるか。勝つというよりは、そこで死なないためにという、そんなことをやっていて……。

永井　合気道みたいな感じ？

香山　合気道って、そういうものなんですか？

永井　合気道もそうでしょう、護身術。

香山　そうですね。でも、クラヴマガってすごくえげつないところがあって、いきなり急所突きとかをやるようなものなんです。そっちを一所懸命、週一に通っていますから、忙しいっちゃない。マインドフルネスも、忙しい瞑想と言われますけど……。

永井　そうですね。

香山　その忙しさを、実際に体でこなしていく。私のやっているクラブマガもすごく忙しい。一瞬で、いろいろ動作をしたり、反応したりしなくちゃならない。勝ち負けではないので、相手の動きを見て、お互いに決して譲ったりせずに、とにかく隙を突く。

永井　瞑想は、いわゆるヴィパッサナー瞑想は合わなかった？　合わないというか、よくなかったですか？

香山　よくないこともなかったのですが……。

永井　ダメっていう人もたくさんいますね。いろんな意味でダメな人がいて、自分に合わないっていう場合もあるし、それからかえってよくない場合もあるようです。あれって人によってすごく違うみたいで、すごく効く人もいれば、全然ダメでかえってちょっと病気っぽい人が悪化する場合もあるって聞きますね。強迫性障害でしたか、ああいうのはサティを入れるっていうか確認をするとかえってよくないとか、そういうような話も聞きますが。

そうですね。後の話とつなげるために言うと、要するにあれは仏教じゃないですか、もともと。それで仏教って仏陀ですけど、仏陀とか、キリストとか、それからギリシア哲学のプラトンやアリストテレスとか、孔子や老子なんかも含めて、あの時代に人間の普遍的な倫理というか、人間が生きていくときに、一人一人が心穏やかで、みんなが喧嘩しないでやっていける、普遍的なあり方を考え出そうとしたんですね。これはその時点ではうまくいったともいかなかったとも言い難い微妙なものだったと思うけど、どれも世の中に深い次元で影響与えたんですね。これは微妙なことで、そんなに表面的にはすごい影響を与えたわけでもないのに、隠然とした仕方で力になっていて、結

局、その後の近代思想もああいうものをもとにして成り立っていますね。ああいう時代に、あのような思想家たちがいたってことに依存している面があると思います。

仏教というのはその中で特殊ですけど、いちばん特殊かもしれないと思いますけど。どう言ったらいいんですかね、もっと根本的な話をしてみると、私はこう思うんです。人類って何万年前ですか、言語を獲得したんです。たしか五万年ぐらいですね。そんなに古くないんですね。何百万年も、何十万年も存在しているわりには。五万年ぐらい前に言語を獲得して、言語を獲得したことによってすごく抽象的なかたちで世界と向き合わなきゃならなくなった。それまではまわりの者とだけ関係していて、自然な情動だけでやってきた。あまり遠くのことや過去や未来のことや、一般的・普遍的なことなどまで意識が届かなかったろうけど、言語ってどこまでも一般化する力があるんですよね。言語がないときはここから世界が開けているだけで、そのこと自体を客観的に位置づけることはできなかったでしょうけど、言語で捉えるようになると、「私は……」とかなんとか言えて、それが向こうから見てこの人を指すと自分で捉えられるようになりますね。そういうかたちの客観化された自己意識が成立して、それ自体を客観的世界の内部に埋め込むことができるようになる。それでそのことが作り出した新しい問題がずっとあって、それに対処して、それに見合った新しい対抗思想を作って、どうしようもなくなった人間を立て直そうとしたのが、さっき言ったキリスト教とか、もっと前の仏教やギリシア哲学とかだったと思うのですね。

香山 数千年前、いや二、三千年前ぐらい。

永井 そうですね。二、三千年前にみんな起こったと。あれはその対処する手段で、まああの力があって、その影響力があったところでは何らかの仕方でその影響を受けたんだというふうに思うんです。

言語を持つということ

香山 言語はあったけど、その言われた普遍的なルールみたいなものをまだ作り上げる前というのは、混沌としていたのでしょうか、人は？

永井 まあ、こちら側から見ればね。言語というのは必要に応じて発明されたとは思うけど、これはどういう発明品なのかよくわからないぐらい特別なものですね。言語の成立の以前以後だって言語的にしか捉えられませんから。両側を対等に見ることなどできない、われわれのものの見方の根源のようなものが、ある時点で作られてしまったわけですから。そもそも歴史という見方が、いや、もっとそもそも時間の経過という発想自体が言語なしにはありえませんからね。これいったいいつ誰が作ったのか（笑）。キリスト教にはイエス・キリストがいるし、仏教には仏陀がいるけど、もっともっと偉大な言語教には……。

香山　でも始めに言葉ありき、と。

永井　言語はいったい誰が発明したかってもちろんわからないわけですけど、多分同時発生的にいくつかあったのでしょうけど、不思議なことが起こったわけです。さっき言った通り、「私」というものを世界の中の一存在者にするということとか、それから「現在」というものを時間の中の一コマにして、ずっと歴史がある中に位置づけるとか。そういうふうに自分を位置づける能力みたいなものが言語にはすごくあって、そうやって自分もみんなと同列に並べて互いにやり合う仲間に入れて、それでいろいろ戦略を練ったりして、「自分はどうやったら有利か」とか、そういうことを考えたりするというような世界ができたんで、それで多分いろいろ新しい問題が起きてきた。

香山　数年前にピダハン語というのが話題になりましたけれども。

永井　変な言語ね。

香山　アマゾンのピダハンという部族の話で、みすず書房から『ピダハン──「言語本能」を超える文化と世界観』〔ダニエル・L・エヴェレット著、屋代通子訳、二〇一二年〕という本が出ていますが、アメリカの宣教師が布教のためにそこに入って、いわゆる未開と言われている部族と出会います。その人たちは、明確な言語を持っていないといわれている。数という概念もほとんど存在せず、2までしかない。それこそ、「あとはたくさん」と。ほとんど「色」の表現もない。

言語が限られた、乏しい言語で生きているのですが、ただ「見ていないものはない」という世界。森の精霊の存在は信じている。「死」も、もう死んだ人は去ってしまった、無くなってしまったと、弔いや追悼の儀礼もほとんどないようです。ただ腐敗しますし、不潔ですから埋めることはする。でも、いつまでも死者を弔うということはない。それこそ、「いま・ここ」しかない人たちなのですが、それがとても豊かに暮らしているように見える。最後にオチがついていて、その宣教師が宗教を捨てる。一所懸命にその人たちに布教しようと、聖書の言葉を語ったりするわけですが、みんなの爆笑を買う。「イエス・キリストが十字架にかけられたというが、お前は見たのか」と。宣教師が、「私は見ていない」と言うと、「見ていないのに、なんでそんなことを言うんだ」とバカにされる。そのうち、次第に「その通りだ」と宣教師は思うようになって、最後に信仰を捨てる。

そんな話なのですが、その人たちにとっては文化に接触するのは碌なことではないわけです。物語的に作られているので、ほんとうかどうかわからないところもあるのですが、ともかくヨーロッパやアメリカからいろいろな調査にやってくる人々がいる。彼らの目で見ると、それらの人々は、「みんな、どうも幸せそうには見えない」と、「私たちは、ああはなりたくない」ということから、あえて背を向けて暮らしているというのです。けれども、その後にずいぶん文明化されたというニュースもあったようですので、わからないところもありますが、もしそういう未開民族が棲息していたとすれば、彼らにはいま言われたさまざまな問題もないということになるのでしょうか？

永井　そうなんでしょうね、きっと。あの本ではそういうふうに書かれていて、ほんとうかどうかはよくわからないけど。

香山　そうですね。

永井　そういう問題はないですね。言語がなければあらゆる問題がないってわけじゃないけど、新しい種類の問題が生じたと思いますね。キリスト教的に表象すれば、禁断の木の実を食べた、と。仏教的に言えば、煩悩の成立ですね。それ以前にはそういう問題はなかった。

香山　でも、別にその人たちを蔑視するわけじゃありませんが、わりに動物に近い生存のかたちですね。

永井　そうですね。

香山　猫や犬が、何も思い煩うことなく生きているといった。

永井　そうそう。それに近いんですね。それで言語的世界というのが作られて特殊な問題が生まれた。言ってみれば、仏教にはそういうところがあって、そこから逃げる手段ですね。元に戻るっていうか。言語的世界のいろいろな軋轢から逃れて、何もなかった世界というか、赤ちゃんの世界というか、まったく穏やかな世界というか、せいぜいピダハン語程度の、そういうところに。

瞑想の奥義

　重要なことは、浮かんでくる想念と一体化して、その立場に立って世界を見てしまわずに、逆に、客観的視点に立って、その想念を一つの出来事として見ることである。……同僚の誰かの姿が思い浮かび、「あの野郎、……しやがって」と思ったなら、そう感じているその立場に没入してしまわずに、客観的視点から「誰々の顔が思い浮かんで、あの野郎……しやがって、という思いが生じた」と見る。客観的視点に立てれば、それをたとえば「嫉妬」と本質洞察することもできる。嫉妬している視点に没入してしまえば「嫉妬している」という本質は決して見えないが、客観視できればその本質を見ることも可能となるからである。……

ちょっと哲学用語を使わせてもらえば、心の状態には「志向性」と呼ばれる働きがあって、これが働くと思ったことは客観的世界に届いてしまう。世界の客観的事実として「あの野郎」が何か酷いことをしたことになってしまうわけである。すると、作られたその「事実」に基づいて二次的な感情も湧き起こり、さらに行動に移されもする。その観点からの世界の見え方が次々と自動的に膨らんでいってしまうわけである。

志向性は言語の働きなのだが、ちょっと内観してみればすぐに分かるように、言語を持つわれわれは、黙っているときでも頭の中で言葉を喋り続け、想念を流し続けている。ヴィパッサナー瞑想の標的はまさにこれなのである。

（永井均『哲学の賑やかな呟き』ぷねうま舎、二〇一三年、三四〇—三四一頁）

香山　瞑想ってそういうもんなんですか？　スマナサーラ長老は逆で、原始脳を抑えて、前頭葉を動かすのだといったことをよくおっしゃって……。

永井　それは仏教の側のイデオロギーですね。実は逆だとも言えて、ほんとうは原始脳に戻りたいんだけど、それはできないので、いわば前頭葉を使った高次の原始脳を作り上げる、というようなことですね。言い方を変えれば、前頭葉という名の新しい原始脳の暴走をより高次の脳の働きを開発して制御しようとするんだ、とも言えますね。ポイントは、前頭葉の方が、つまり理性こそが暴走するんだってことです。それを制御するのに、普通の理性ではもう役に立たない。そういう自然理性の働きを単なる世界に起こる一つの現象として見るということですね。そのことによって、もう一段階上に行く。言語と思考の世界でごちゃごちゃやっているやつをもう一回対象化して、「そういうことを思ってるな」とか言って、自分が本気でそれにのめり込まないで、「この人はこういう欲望を持っていますな」みたいな感じで確認していく。

香山　メタの次元を持ってね。

永井　そう。メタの次元に行って、またそのことによって本来の理性を実現する、とも言える。ヴィパッサナー瞑想というのは結局、理性の暴走を、もう一度言語を使ってラベリングするとか、いろいろなやり方で、いったん捉え直して、暴走しないかたちに制御するんですね。サマタとヴィパッサナー、止と観と言われるけど、外から観ずることによって、制御可能なかたちに置くという段階がありますね。ふだんは、われわれは自分の心が制御できていないので。そんなに狙い通りにうまくいくかはいろいろですけど、狙いはそうだと思うんです。

普遍的な諸価値の根を……

永井　瞑想の話はこのくらいにするとして、仏教だけでなく、キリスト教も含めて、孔子なんかも入れて、プラトンやアリストテレスも、さっきそう言ったように彼らは……、いま話そうとしていることって、話がでかすぎてほんとうかどうかわかんないけど、しかもいまこの場で考えているから（笑）、ほんとうかどうかわかんないけど……、その言語的世界全体に対してうまくやっていくための方策を、いま話したヴィパッサナー瞑想がそうであったのと同じようなかたちで、みんな同じような対処の仕方を考えたと見ることができますね。別に一回でうまくいったわけじゃないけど、結果的に、いまわれわれがこれは倫理的に正しいと思っているようなものって、そこで作られた、と見ることができると思うんです。近代的な諸理念も基本的にはそこから出てきますね。自由、平等、博愛。あと自然権としての人権とか、正義もね。人種や民族によって違うとか、そういうことがないような、普遍的な。そういうのは基本的にはそこから出てきていて、いま言われるリベラルな諸価値は、近代的諸理念って言ったらいいのかな、結局、そこで作られたものの……。

香山　焼き直しみたいなもの。

永井　そうそう。それをもっとうまくやろうとしたのが、とくに一八世紀のジョン・ロックとかああいう思想家で……。

香山　いわゆるフランス啓蒙思想のような、普遍的な……。

永井　そうですね。ルソーはいろいろ苦労したけど。そういう思想家たちですね。それはある程度は定着……、これもどうですかね、定着したと言えるかどうか疑問ですけど、まあ、しかし、ある程度は定着したんです。それで現在の世界は、その価値を、みんなが前提にしているはずだという前提でやっているんだけど。そこは実は、してないんですよね。

香山　ん、できてなかった?

永井　みんながそれ前提にしてないんです、実は。

香山　そうかもしれません。

永井　実はずっとしてないのかもしれないけどね。

香山　そのあとに、ジョン・ロールズ〔政治哲学者。一九二一―二〇〇二年。『正義論』〕とか、それこそマイケル・サンデル〔政治哲学者。一九五三年―。「ハーバード白熱教室」〕的な社会的公正さみたいな、また少し違うかたちの正義とか公正、ジャスティスとか、そういう議論も出てきてますね。より現代にマッチしたかたちでというか。

永井　ええ。ロールズは典型的にそれですね。あと、ドイツでハーバーマス〔社会・政治哲学者。

一九二九年――。〔公共性論・コミュニケーション論〕とかね。しかし、彼らは必ずしも成功してないんですよね。ああいう規範の基礎づけの試みはどれもあまり成功しなかったし、そもそも基礎づけようとすること自体がなんとなく評判が悪いという変なことにもなっていた。ポストモダンとか言われたわけだけど、その前にマルクス主義者が強い影響力を持ったじゃないですか。あれが、結局のところは、世の中にあまりよくない影響を与えていると思うんです。マルクスやマルクス主義者たちの意図とは関係ないんだけど。何かっていうと、マルクス主義にはイデオロギー論という考え方があるじゃないですか。みんなのそれぞれの考え方は、全部それぞれの階級的な立ち位置の反映に過ぎなくて、それらを超えるような一般的・普遍的な正義なんてないんだ、というような。マルクス主義自体は、それらの中でプロレタリアートの自己意識だけが特権的に歴史の真理を担っているというように考えるので、すべてがイデオロギーに過ぎないという考え方とは違うけど、それでも階級的観点を欠いた普遍的な正義なんてないという点では、危険な一歩を踏み出したと思うんです。

もっと内在的に見ると、マルクス経済学自体が反近代的・ポストモダン的なあり方をしていますよね。近代的な考え方の典型的とも言えるのは、生まれつきの身分とは関係ない、裸の個人どうしの対等な立場での契約によって初めて人間関係が成立するという考え方ですが、労使関係も形式上はそうなっているわけですね。対等な立場で自由意志による契約をするので、形式上は文句のつけようはないのだけれど、労働者の側は売れるものが自分の労働力しかなくて、生きていくためにはそれを売るしかないので、形式的な平等のもとに実は実質的な不平等が隠れている。法的には平等で対応な立場なんだけど、実際には売るものがそれしかない方が負けるから、実質的には不平等で、搾取されざるをえない、という話もそうですね。

マルクスの理論は知的な意味でも非常に魅力的なところがあって、そこかしこに、一見そう見える見かけの背後に本質が隠されているので、見かけに騙されてはいけない、という構造があって、全体として世界の欺瞞的なあり方を暴き出す、という考え方が……。

香山　わかります。

永井　一九世紀の思想家は、だいたいみんなそれですね。みんな世界の表層の欺瞞に騙されてはならない、と言っている。背後に隠された実態があるんだ、と。ニーチェの近代批判なんかも、その型でね。ルサンチマン的な価値の転倒によって道徳的価値が成立するとか、ああいう話。フロイトもそうでしょう？　一見そう見える表層の背後に本態が隠れているという思想。一九世紀にそういう思考法を見つけて、これはたしかに真実を突いてもいるし、しかも知的な魅力があるので、みんながその魅力にとりつかれて、せっかく作った価値の裏面ばかり見て、欺瞞を暴くというゲームに没頭しすぎたね。

香山　そうそう。私なども精神科医ですから若い頃にはフロイトを勉強し、「なるほど」とは思うんだけど、人の言うことなどには、それこそごく単純な心理的防衛メカニズムが働いたりして、正義の人と思われている人が実は邪悪で無意識な欲望を秘めていて、むしろそれを反動形成で防衛するために、正義の人として振る舞っているだけだ、という読み解き（笑）。

永井　そうそう、まさにそれです。裏ばかり見すぎなのね（笑）。そんなことより大事なのは正義そのものなんだけど、そっちの話にはあまり知的魅力がないから。瞑想に関しても、坐禅は実は幼児期への退行現象ではないかって、さる高名な禅僧の方がおっしゃっておられたけど、なんでも、そういうふうなことは言えますから。

香山　まさに昨日〔二〇一六年一〇月二五日〕、北海道のある自治体の市会議員が、少女買春の容疑で逮捕され、本人も認めたというニュースが流れました。その人は地元のホープと言われる人物で、ニュースを聞いた誰もがビックリして、「そんな事件を起こすなんて信じられない」と言うほど、品行方正で善良に見えた人だったのです。これはいかにもフロイト的に、「そういう人こそ、実は無意識の中にはそういう倒錯的な欲望を抱えていて、むしろ自分の葛藤を押し殺すために表出する部分においては、すごく他者に配慮したり、自己犠牲的に行動するものなのです」と言うのにピッタリな素材なのです（笑）。学生にそう説明すると、「なるほど」と言いますが、他方でそのように解説することに何か意味があるのだろうか、という疑問もあります。では、その人がやってきたことはすべて嘘だったのか、人間としてそれはいけないことなのか、とりわけ最近、よくそういうことを考えてしまう。

ポストモダンの破壊力

マルクス主義の終焉などと言っても、若い人には単なる一つの思想が有効性を失っただけのように思えるだろう。だが、実はそうではない。

それは、よりよい世界の実現を目指す（という、よりよい生き方をする）ために、世界と自己の本質を、因襲に従ってではなく、知的・抽象的に、自分の知性と感性によって、そのつど新たに理解していこうとする、「近代的な」といえる、世界観・人生観が終わったことを意味するから。それは、きわめて大きな文明史的転換を意味するはず。

　理解されるかどうか分からないが、これ以後われわれは「世界との直接的な繋がり」が断ち切られた。ポストモダニストが言った「大きな物語の終焉」とは、実はそういうことだった。現に今、われわれは、世界から断ち切られて、おのおの文化の特定領域の細部の知識をもってその代用とする、総オタク化の世界に生きている。現在の私の周りの若い人たちは、事実、もう、そういう世界しか知らず、この転換を知らない。

〈学説〉が〈生〉と一体化する（そのことで〈世界〉そのものと繋がる）時代が終わり、それとともに、「哲学」などというものも、世の中で尊重されるべき固有の意義を失った。その意味では、歴史的役割を終えたというべきだろう。以後、それは、個々人の私的な（つまりいわば趣味的な）意味しか持たなくなった。……

　また分析哲学が優勢になったのも、結局、人生と社会と超越的理念とを一直線に繋ぐ哲学の役割が終わった（つまり世の中が哲学を必要としなくなった）ことの現れにすぎないだろう。

（永井『哲学の賑やかな呟き』一一九―一二〇頁）

永井　人間って、知的に高度なものが好きという側面がありますから、ちょっと裏から見て、おおっ！と思うと、それに飛びつくじゃないですか。そういうのが人気を博したんですね。その後のポストモダンの時代になると、それがもっと……。
香山　いや、ひどいです。すごいです。
永井　もっと、それをさらに増幅させましたね。

香山　わかります。
永井　もう一回、ひっくり返したのを、さらにひっくり返すみたいなことをやるじゃないですか。
香山　これも短絡的な言い方すると、価値相対主義のような。
永井　そうそう。
香山　それはどっちも一緒なんですよ、と。買春することも善行をすることもどっちも同じ。
永井　そういうことになるんです。マルクスの場合は、真理と価値の特権的な視点があった。プロレタリアートの視点から見える世界こそが世界の真実のあり方だ、というふうに特権的な真理が見える視点があるわけです。ニーチェだって、通常の見方とは違うけど、いわばそれを逆転したかたちで、偉い方とダメな方がいるわけです。フロイトでもそうなんですよね。真実を知る側とそれを知らずに踊らされている側、虚偽意識を生きてしまっている側とそれを虚偽だと見抜ける側が、対立としてしっかりあるんだけど、ポストモダンになると、そのひっくり返す技法がさらに徹底化されて、結局、どっちも同じ穴の狢《むじな》ってことに……。
香山　そう。ほんとうです。「浮遊する記号」といった言い方がありました。
永井　これは思想的には諸悪の根源だと言ってもいいかもしれない。そのこと自体が直接に世の中を悪くしたとは言えませんけど。
香山　その通りだと思う。私はまさにその世代で、ある転換のメルクマールとしてあちこちで触れているのですが、田中康夫さんの『なんとなくクリスタル』〔一九八一年〕。この本の中で田中さんは、女子大生のことといろいろ書いているんですけど、「岩波新書で得る感動も、ルイ・ヴィトンのバッグを買って得る感動も等価」なのだと言った。私はそのとき、それこそ目から鱗が落ちたというか、ほんとうにそうだと思った。それまでのいわゆる権威主義に、岩波新書は偉いけど、そんなくだらない音楽はダメだというのにうんざりしていましたから、デリダのいわゆる脱構築だとか、ドゥルーズのリゾームといった概念に接して、そのときは「それが真実だ」と思って、以降ずっときたわけだけど、いまどうやってその垢を落とすかが（笑）。

永井　いまの話と同じようなことを、私も多分その少し前に経験しています。最初に読んだのは寺山修司が編んだ詩のアンソロジーで、その中ですごくちゃんとした詩と、演歌の歌詞などとを同列に扱って、同じように論じていたんです。それで、純粋詩派の詩人がそれに文句を言って、そんなまるで関係のない演歌なんかと一緒に論じられないじゃないかと言ったのに対して、「いや、それらはまったく同じだ」と寺山さんは返していたと思います。そのとき、私は、どういうわけか寺山修司の方に説得されて、そっちの方が正しいような気がしたんです。

香山　いや、わかります。ですから、山口昌男さん〔文化人類学者。一九三一―二〇一三年〕もいままでのアカデミズムの枠を越えて、坂本龍一さんのようなミュージシャンと対談するとか、村上龍さんのような小説家と学者とが対談するなどということがありました。大森荘蔵さん〔哲学者。一九二一―九七年〕も坂本龍一さんと対談してましたね。そういう学際的、領域横断的な流れがすごく新しいという印象を受けちゃっていた。

永井　要するに、まだ一応は裏から見るための特権的な真理の場があったのさえもなくなってしまって、何でもありで何もないという状態になったんですね。ある意味では、知的なレベルとして高度なものになったとも言えなくはないんだけど、実は使い物にならなくなってしまった、実際問題としては。レベルは高くて、頭のいい人がそこで遊ぶのには面白いのだけど、もともとの、例えばロックやルソーとか、あるいはもっと昔のプラトンやアリストテレスとか、あるいは仏陀でもいいんだけど、彼らが、取り組んだ課題に比べるとはるかに……。

香山　洗練された感じ？

永井　悪い意味で知的に。ソフィスティケートという言葉はピッタリかもしれませんね。洗練されたといえばいい意味ですけど、同時に悪擦《わるず》れしたという意味もありますから。

な～んちゃって相対主義

私自身、一九八〇年代にはニューアカデミズムにどっぷりつかった学生時代を送り、そのころは本気で「浅田彰さんや柄谷行人さんに一生、ついて行きます！」と考えていた。彼らは思想家としてアカデミックな発言をするばかりではなくて、来るべき、目指すべき社会のビジョンなども示してくれるに違いない、と思っていたのだ。

言うまでもないが、この人たちのほとんどは権力に疑問を持ち、平等や自由な社会の実現を目指すリベラル派的な志向性を持っていた。

ところが、八〇年代後半になり、時はニューアカブームからバブル時代がやって来て、思想家や知識人のやや難解な発言より、どこのレストランが美味いとかどこのブランドのバッグがおしゃれだとか、そういう話題に世間の関心が集まるようになっていった。……

しかしそんな時代にも私は、「いつかまた彼らが驚くような本を出し、社会を揺るがすような行動を起こしてくれるに違いない」と信じ、ニューアカの旗手たちからの「次なる指令」を待ち続けたのだ。
（香山リカ『ソーシャルメディアの何が気持ち悪いのか』朝日新書、二〇一四年、一三五―一三六頁）

香山　ぼやいてもしょうがないんですけど、ソフィスティケートされたのならまだいい。つまり、知的なものをすべて獲得した上で、「みんな、同じだよね」というのならいいけど、いま起きていることは逆の意味で、すべて同じじゃないかと言っているようで、「難しいこと言うなよ」、だって「土人だろ」という反応は、ソフィスティケートの悪夢のようなかたちでの実現でしかない。ある意味で、ポストモダンの実現に違いないのですが、それこそドゥルーズなどが予想もしていなかったような現実が、ここについに実現したと見えてしまう。

この話は関係ないかもしれないけれど、特にインターネットができて、いわゆる情報や価値の順序とか優先順位とか、どっちが真実でどっちがデタラメなのかをつかまえる上でも、そのための権威のようなものが、ますますそこから取っ払われて、「字は字」といった感じになってきていますね。例えば、永井さんが発信していることも、その辺のあんちゃんが言っている差別的なことも、モニターの中では同じスタイルに見えてしまうわけです。これまででしたら、例えば永井さんが、この姿で登場して、「私はこういう大学の教員です」と言って、「では、公表します」と言って始めるのと、あんちゃんが座ったまま差別的なことを言うのとでは、意味も影響力も含めて、まったく違うことだったはずですね。

そんなものも含めて全体のその人のあり様とか、歴史とか、経歴やプロフィールなど、その発話されたものの信頼性を担保するものというのはいろいろあった。それが、もうすべてなくなってしまった。それこそすべてが等価になっていますから。モニターの中に現れた文字だけになってしまう。そこでは、それこそすべてが等価に見えてしまう。その意味では順位のピラミッドとかヒエラルキーもいまはないわけです。それがいま言われたのか、五年前に言われたものなのか、百年前に——百年前、ネットはありませんけど——、そういうこともない。本のように時間が経って古めかしくなっているということもない。そんなものがまったくなくなって、ごろっと言葉だけが出てきているという中で、さきほど言われた孔子やキリストの時代のある種の普遍的な倫理、あるいは共通の「一応人間なんだから、こういうことを守って生きていこう」といったルールが、まるでもう有効ではなくなって……。

インターネット上で行われるコミュニケーションには、「匿名性」という特徴があることは誰もが知っているだろう。……この「匿名性」はネットを利用する人に魔法のような力を与え、現実社会ではおとなしい人、内気な人も、いざネットとなると日常では抑圧していた本音をフルに全開し、驚くような大胆な発言、攻撃的な発言をしてしまう場合がある。

また、フェイスブックのようにたとえ本名を書き込むことが原則のスタイルであったとしても、「相手の顔が見えない」ことは利用する人の心理的ハードルをぐっと低くし、本音の発言をしやすくする。抑制しようとする気持ちを奪う、これが「非抑制性」である。……

ネットの最大の特徴はやはり「非抑制性」であり、あくまで現実で抑制されている要素、部分が歯止めがなく噴出してきて、ときには暴走までする、ということだ。そうだとすれば、ネットでの誹謗中傷や〝炎上〟につながる攻撃性、嫉妬や憎悪なども、そもそもはその人の心の奥に押し込められていたものだ、ということにもなる。……

ネットでの匿名の情報を扱う場合は、必ずそれを発信する人の「ふだんは抑圧されている悪意の解放」によるバイアスを考えに入れなければならない。

（香山『ソーシャルメディアの何が気持ち悪いのか』五八―五九、八二―八三頁）

香山　それについて、もっとすごく世俗的な言い方すると、七〇年頃に、『ビックリハウス』という雑誌があって、みんなでジョークを投稿し合う雑誌なんですけど、個々にはそれが真面目な話なのか、不謹慎なギャグなのかもわからない。ですけど、ある種のルールとして、言ったあとに「な〜んちゃって」と言えばいいということがあった。これを加えることで、「これ真剣じゃないんだも〜ん」みたいな感じ……。そうすると何を言っても許される。「俺はヒトラーだ。な〜んちゃって」というと、それをずっと言い続けていける。

永井　そうそう。それはしかし、言語というものの持つ本質的な問題性で、建前上は言っている通りのことを思っているという、いわゆる「誠実性原則」が前提になって成り立っているわけですけど、逆に見れば、同時にその逆のことが成り立ってもいるわけですね。私はかつてそれを「トランセンデンタルなんちゃってビリティ」という言葉で言ったことがあるんですけど、「超越論的なんちゃって可能性」という意味で、いかなる発言も必ず最後に「なーんちゃって」と付け加えて無効化することができるようにできていて、そういうことしか言えない、という意味では、そう言わなくても暗に「なーんちゃって」が付いていると言えるわけです、言葉というものは本質的に。フランス現代思想のデリダとアメリカの言語哲学者のサールとのあいだで、そのことをめぐって論争があって、内容的には、見方によってどちらが勝ったとも言えると私は思いますが、そのことよりも、言語というものがまさにそういう問題を持っているのは事実だとして、デリダ側は何を思って誠実性原則を解体しようとなんかしたのか、という問題がいまとなっては気になるところです。そのことが、さっきから言っている問題とつながっているんですよね。

デリダはいわばふざけてやって見せているんだけど、色々な場面で同じようなことが起こっていると思いますが、いまではもっと馬鹿な人たちがそれを本気で実践してしまっている。とはいっても、言語が本質的にそういうものだとして、いまになってそんな問題性が露呈してきたというのは、ちょっといかにも話がおかしい。だって、そんな問題はずっとあったわけですから。もしそうだとしたら、さっき話したような古代の思想家たちや近代初頭の思想家たちの効力がいま頃になって剥《は》がれてきたっていうことになって……。

香山　賞味期限がちょうど二千年ぐらいなんじゃない（笑）。

永井　ある意味では、ほんとうにそうだとも言える面はあると思うけど、またある意味ではやはりそんなことではなくて、もともとあまり効力はなかったんだけど、しかしやはり、例えば戦後の日本ではちょっと効力があった。それはなぜかというと、やはり敗戦があったから。いろいろと近代的な諸価値を本気で取り入れましたし、それからたまたま経済的に……。

香山　高度成長で？

永井　それも言えますよね。ほんとうは外国から搾取してたわけですけどね。しかし、国内民主化はかなり進んだ。それが全部チャラになったという面もありますね。グローバル化でみんな一律になっちゃったから。戦後民主主義の前提になっていた経済的基盤が壊れたことと、社会主義の崩壊で社会主義化の恐れがなくなったことなども関係しているでしょうけど、そういう影響で、みんなが暗黙のうちに前提にしていたことがいつの間にか瓦解していた。覆《おお》ってたものが露呈したとも言えますね。

香山　だからいまの話につなげれば、いわゆる市場主義のようなものが世界を席巻して、それこそホリエモンといった人たちが出てきて、「稼ぐやつは偉いんだ」、「金を稼いで何が悪い？」、そういうことを言う人も出てきた。その言い方の前に太刀打ちできなかったわけですね、そのキリストも孔子も。「いや。金より大事なものがある」とか、「金を稼いでもいいけど、弱い者をいたぶってはならん」、「九九匹の子羊より、さまよい出た一匹の方が大事だ」などと言えなくて、九九売れる方がいいじゃんみたいな、その理屈の前に私たちは返す言葉がなかったという情けなさ……。

永井　そうです。しかしホリエモンとか、ああいう人って傷があるような人じゃないですか？

香山　ホリエモンは自分は父親にすごく虐待されたんだとか、いろいろ家族によるトラウマを書いています。

自分の問題を普遍化し、共有すること

私はふつうによく使われる意味での政治（つまり国家の）にはさほど興味を持っていないが、ものご

と（とくにふつうあまり政治的と見られていないような）を政治的に見る、ということについては昔からかなり関心を持っていた。私は倫理学を学んだが、倫理現象に関しては高度に政治的な観点に立てる能力こそが重要である（ということがあまり理解されていないように思う）。ところで、ふつうあまり政治的と見られていないようなものごとは、例えば、仕事は当然として、学問とか、芸術とか、恋愛とか、会話とか、食事とか、そういったものである。だから、結局、人生全体ということになるのか。

（永井『哲学の賑やかな呟き』二一六頁）

永井　そして、自分がいろいろとよくない状態にある場合に、それを普遍的な問題として立てて、解決を考えるというようなやり方がちょっと廃《すた》れてますね。つまり、「いろいろな問題があるんだから、これは一般的に客観的にみんなで共有して、こういう問題を解決しなければならないでしょう」というふうに提起していくというような、そういうやり方がはやらなくなっている（笑）。じゃあ、どうするかというと、それこそいろいろなやり方があるけど、一番単純なのはとにかく自分だけ、どうにかうまく逃れることに奔走する。問題を問題として普遍化するという能力、というか気風のようなものが、若い人にはなくなりましたね、どういうわけか。昔は多分、自分は何か、人生においてでもいいんですけど、何か問題を感じていると、他の若い人もそれを感じているに違いないというふうに捉えていて、それを一般化して、客観的な原因を探るということがなされたような気がしますが、この頃、そんなことやる人あんまりいないですね。

香山　例えば、アメリカにフェミニスト・カウンセリングという一つのジャンルがあるんですけど、女性のフェミニストたちで、DVを受けてる人がその当事者どうしでカウンセリングをする。私たちのような治療者は、あまり介在しない。私は、一回だけその人たちの集会に呼ばれたことがあって、聞いたのですが、その人たちのモットーは“Personal is Political.”という、それに尽きるということだった。つまり殴られている妻は、「私が至らないから殴られているんだ」とか、「うちの夫だけがすごく横暴だからこうなるんだ」と言うけれど、「それは、違います」と、どんな個別の悩みの背景にも社会や政治があるというんです。そこを主張し過ぎているのではないかというぐらい、それを強調するんです。そう思うことで、これは普遍的な問題なんだということを共有するという仕方をずっと続けてきた人がいる。しかしそれは、自然にはできなくて、「そうなんだ。そうなんだ」と言い聞かせて、一所懸命に知性化しないとやはりできないんだな、と思いました。けれどそれで救われる人もいる。

例えば、昨今の若者の貧困や、非正規雇用という労働のかたち、それから格差の問題、それらに積極的に取り組んでいる雨宮処《あまみやか》凛《りん》さん〔作家・社会運動家。一九七二年―〕という女性がいます。彼女はある時期、自分探しをやり、また一時期は食べることができないほどの貧困を経験し、自殺未遂を繰り返す時期もあったようです。その彼女が、萱野《かやの》稔人《としひと》さん〔政治哲学者。一九七〇年―〕から、ヨーロッパのプレカリアートの話を聞いて、社会運動にかかわるようになっていった。プレカリアートって、非正規雇用の契約社員や派遣労働者、ニートの若者まで含む、貧困にあえぐ若い世代の総称なんですが、この問題に取り組んでいるヨーロッパの運動の中で、若者にこんなふうに語りかけるというんです。「君たちがいま仕事がなくてお金がないのは自分の努力が足りないからではない。このいまの社会の仕組みが悪いのだ」と。雨宮さんは、この話を聞いてほんとうに目から鱗だったと言ってました。これは、みんなの問題なんだと思って、それから彼女はいろいろな社会運動をするようになっていくんです。そういう人も一部いますね。でも、それはいま、永井さんが言われたような、全体としてそちらの方に向けていくのは、けっこう難しいこと……。

永井　そうなんです。われわれというか、ちょっと前の世代ではそれは当たり前のことで、そういうふうに考える方が普通だったのに、そう考える風習がなくなって……。

香山　それって、風習？（笑）

連帯と自立

永井　風習というか気風というか、がなくなったんですよ、ほんとうに（笑）。そういうシステムが働かなくなった。むしろ逆に、何でも世の中のせいにするということが悪く言われている。さきほどのマルクス主義とリベラルの話に戻ると、あれはいい補完関係で、どうしていいのかというと、いろいろなリベラルな諸価値があって、それの欺瞞性をマルクスが突いたという、その二つの対立っていい対立なんです。それ以外の悪は原理的に存在しないわけです。だから、何であれ世の中に対してクソと言いたい、まあ反抗的な人たちはみんな左翼に、マルクス主義的な左翼になるわけです。そして本質的に資本主義やその上に成り立っている国家の悪口を言うことになる。そのシステムにも弊害はあることはあるけど、それでうまくまわる。その二つこそが対立していて、サルトルとカミュの論争なんかはあったけど、本質的にあらゆる反抗的なものは革命的なものに吸収されていた。「反体制」という漠然とした旗印が意味を持っていましたから。

反体制とは言っても、理念としてはきわめて建設的なんです。そもそもマルクス主義というのは基本的にそういうリベラルな諸価値を否定しているわけではないですから。むしろそれを真に開花させるためには何が必要かという議論の前提に立っていたので。そういう左翼とリベラリズムとの対立ですから、いまから見れば、両方とも左翼じゃないですか。右翼というのは特殊な、まあ趣味的なもので、理念上の根本的な対立はリベラリズムとマルクス主義のあいだにあったわけですね、ちょっと前までは。この対立はいまから思えばとても健全というか、とても立派なものの対立だったんですよ。この世の中がクソだと思う人はマルクス主義の側に立てばよくて、はけ口はそこに用意されていた。「人間疎外」とかその他、いろんな概念があって、「現代人は疎外されている」というような仕方で自分たちを一般的に「疎外された」状態にあるといったかたちで根拠づけていく方法なんかもあった。その他にもさまざまな方法が用意されていたから、それである問題に関する連帯ということができるんです。

連帯ってあまり流行《はや》らないね、このところちょっとしたデモがあっても少数だし、大きな連帯なんかほとんどみない、外国との連帯も。プロレタリア国際主義というような、国際的連帯っていうことだけど、いま外国の労働者と連帯するなんて話、まったくないんじゃないですか。

香山 SEALDs〔自由と民主主義のための学生緊急行動〕の若者が、香港の雨傘運動〔二〇一四年の反政府デモ。「雨傘の革命」〕や、あるいはオキュパイ運動〔二〇一一年。ウォール街占拠運動〕などに、ネットを介して連帯しようとする動きもありますけど、言われている「連帯」って、まったくそのレベルじゃないということかしら。

永井 そうですね。そういう労働運動みたいな連帯ってまったくなくなっていますから。

香山 ないですね。

永井　あれば大きいし、あるとすればブラック企業のようなものだって、恐れてなかなか勝手なことはできないから。やっぱり、そういう意味では社会主義の理念が力を失ったのは大きい。あれの存在は資本主義世界を健全に保つのにずいぶん貢献してましたから。ダメージが大きいです。酷《ひど》い状態になっていると思うんです。

吉本隆明——世の中は〝立派〟なものの悪いところにしがみつく

> 今日の若い批評家たちが言うように、吉本の思想的ラディカリズムは（おそらく）日本の政治文化に悪影響を与えることになった（そのうえ今日の視点からは凡庸な思想にさえ見える）。しかし実は彼らも吉本の孫にすぎない。ひょっとするとこの悪影響はその「悪」の意味がもはや見えないほどにまで巨大で、知らぬ間に善悪の基準そのものを変えてしまっているかもしれない。彼は、みんなと一緒に平和祭なんかに行ってないで一人で自分自身の真下に垂直の穴を掘れ、と言った。繋がれる路は実はその方向にしかないのだ、と。すでに価値が認められている公的な事業に貢献するよりも自分に固有の課題をどこまでも追求することに価値を認め、価値ありとされている仕事に貢献すること以上の価値が存在することを主張したのである。
>
> （永井『哲学の賑やかな呟き』二五二頁）

永井　ついでに吉本隆明の話をしていいですか？

香山　お願いします。私はあまりフォローできてない。

永井　吉本さんという人は影響力が大きいんです。香山さん、あまり読んでないですか。

香山　まとまったかたちでは、はい。

永井　時代がずれますしね。私の時代というよりは、私よりちょっと上の世代の人はみんな読んでいて、さらにもう少し上の人はサルトルあたりなんで、また、ちょっと違うんですが。サルトルの方が、ずっと正直な真っ直ぐな人で、それに比べれば、吉本って最初からひねくれているんです。何がひねくれているかというと、マルクス主義者だけど、基本的には、その根本に共産党に対する反対ということが強くあって。有名な「大衆の原像」という話も、党の上から降りてくることは信じないという話ですね。それともう一つには、各人は各人の課題を追求しろという倫理があるんです。これが強固にあって、それで「みんなが何と言っても、お前はお前の問題を一人で掘り下げろ」という倫理を何度も口にしている。この倫理が、私の知るかぎり、多くの人に影響を与えていて、私にも影響を与えたんです。「大衆の原像」の方は別に影響は受けなかったんですけど、意味がわからなかったから、どういうことだかよくわからなかったので（笑）。自分の問題というのがあるということ、そしてそれをやればいいんだということ、それこそが重要なんだというメッセージには影響を受けたんです。これはつまり、表層での連帯の否定ということですよね。それで、私は政治的なことを一切やめて、社会的なつながりがあるようなことも一切やめて、ただ一人で哲学をすることにした（笑）。それがもっともよいことだ、というメッセージを受け取ったんです。

「大衆の原像」の方はさっきの話につなげれば、特権的な真理がそこにあるという話だから、さっき言った一九世紀的な思想の名残とも言えますね。それは、プロレタリアートの自己意識の特権性という話と構造上あまり変わらなくて、インテリにとっても準拠すべきものはそこにあるという話なのですけど、各人の問題を掘り進めろという方は、それもいらないという話になっていて、私はこっちの方が気に入ったんだけど、そのまま受け取れば、ばらばらでいいということになる。

世の中全体がある程度うまくいっているときには、それでいいでしょうね。みんながそういうことをしたら、それは立派なもので、なにかいいものが出てくる可能性もあるし、なかなかいいんだけど、そうではないときには、ばらばらに何かをやると何の役にも立たないというか（笑）。彼の影響力がそんなに強かったわけではないとは思うけど、全体としてそういう気風を作るのに一役買ったとはやはり言えて、それがずっと七〇年代から八〇年まで続いたと思います。そういう悪い部分の影響はずっと残ったと思います。悪いと言っても、悪くはないので、いいことを言ったんですよ。スターリズムのような、価値の一元化、独占に対する否定ですから。それはとても重要で、立派なものなんだけど、立派なものは立派だからこそ悪い影響を与えるんですね。世の中の人の多くは、立派なものの悪いところにしがみつきますから。

〝立派〟なものの時代ではない

右翼を「国粋主義（ultra-nationalism）」と規定すると、これは『広辞苑』によれば「自国の歴史・文化・政治を貫く国体の優秀性を主張し。民族固有の長所や美質とみなされるものの維持・顕揚をはかる思潮や運動」です。

しかし問題は、この「自国」にあります。例えば日本の右翼（国粋主義者）は、韓国や北朝鮮や中国の（右の『広辞苑』の規定の意味での）右翼（国粋主義者）の主張や行動に賛同する（自分と同じ主張だと思う）でしょうか。たぶん、しないでしょう。むしろ敵対することが多そうです。これは独我論者が他の独我論者の主張に賛成できないのと（中身は違うが）同型の現象です。その意味で「右翼」は本質的に普遍化できない思想で、ここにコミュニタリアニスムなどとは異なる右翼性の本質があるように思います。……

この二重の否定性によって「右翼」の本質を炙り出すことができ、そのこと自体は高次の普遍化ができます。その意味で「右翼」性は普遍的でしかも本質的な現象だといえるでしょう。

（永井『哲学の賑やかな呟き』二〇九―二一一頁）

「〔リベラル派への〕誤った批判」には二種類ある。ひとつは、新自由主義こそグローバル世界のスタンダードとし、弱者切り捨てや格差拡大はやむなし、という考えに基づいてのリベラル批判である。そしてもうひとつは、「第二次大戦における日本は正しいことをした」という歴史修正主義、あるいは「軍隊を持って強く誇りある国に」という国粋主義、さらには「日本こそアジアの覇者、韓国、中国は愚かな国」という排外主義など、いわゆるタカ派的思想に基づくリベラル批判である。

（香山リカ『リベラルじゃダメですか？』祥伝社新書、二〇一四年、四九頁）

香山　でも、そのように砂粒化していると言われますけど、ほんとうに個人としてばらばらになり、みんなが自分の問題にだけ目を向けているなら、まだそれはそれでいいのですが、現代では、逆に悪い方に連帯している。右傾化と言われるような権力の方にどっと連帯したりということがありますね。まだ、ばらばらにばらけていてくれた方がマシっていうふうに思うこともよくある。

永井　でも、右翼はそんなに多いのかな？　どうなんですか？

香山　いわゆる右翼と言っていいかどうかはわかりませんが、右翼的な発言や行為は多いですね。例えば、政権そのものを否定するわけではないにしても、大臣がかなり右翼的な発言をすることがあったりする。右翼と言うか、排外主義的な発言をする。嫌中とか嫌韓と言われるような。そういうこと言う人を支持するような流れはやっぱり太くなっている。

永井　でも、排外主義って右翼的な戦略性も欠いていないですか。とりわけ、なんで韓国と対立しなきゃならないのか、さっぱりわかりません。変な言い方だけど、単に頭が悪くて、単に私的な情動に流されているとしか思えない。右翼というものには、ほんとうは右翼国際主義というものもあるわけで、右翼を普遍化したら他国の右翼というのも認めて……。

香山　そうです。もともと民族主義ですから。

永井　そういうのが右翼というものでしょう。左翼国際主義があるのと同じように右翼国際主義があって、他の国の右翼も尊重するという、立派な気風があるべきものなんです。

香山　そう思います。

永井　それはそれで、ちょっと恐ろしいんだけど、戦いますから。ほんとうに最後は戦うから恐ろしいのですが、ある種の立派さのようなものはあるはずなんです。いまの右翼というのは立派さはまったくなくて、右翼のくせに卑劣だとなる。卑劣であってはいけないというのは、右翼の一番の規範のはずなのに。
香山　いわゆる日本的な任侠道ではありませんが、弱い者も包摂するようなインクルーシブ〔包括的〕なところが、いまはないじゃないですか。
永井　かなり前に昔風の右翼の人の話を聞く機会があったんですが、虐げられた人々は、たとえ外国人であっても、日本にいるかぎりは、みな天皇陛下の「大御心《おおみこころ》」が救ってくれるのだと言っていて、「大御心」というものにそんな宗教的な力があるのか、とビックリしましたけどね。そんなことを本気で思っていた。そういうものなのか、と思いましたよ。
香山　実際に、ヤクザを讃えるわけじゃありませんが、大震災などがあると、真っ先にその組の人たちが救援物資を持ってかけつける。出入りがありますから、そのときに乗るトラックに分乗して、『仁義なき戦い』じゃありませんが、すぐ駆けつける。応急医療の物資を持っていき、炊き出しをやる。そこに、いわゆる普通の社会からは少し逸脱しかけたような、脱落しかけたような若い子なども抱えていく。利用するつもりだったりすることもあるんでしょうけど、そんな懐の深さといったものもあります。
永井　そういうふうに考えると、立派な右翼というのも、仏教やキリスト教成立の時代から連なっている、なにかしら立派なものの影響下にある右翼なのかもしれないですね。
香山　そうかもしれない。なぜ、立派なものがいっぱいあったんですか、そんなに（笑）。
永井　いまは立派なものの時代ではなくなっちゃったから、右翼だろうが左翼だろうが、立派ではなくなってしまうというようなところが……。
香山　それぐらい追い詰められているということか、とも言えるんです。例えば、ヨーロッパを見ても、大量の移民が押し寄せて、自分たちの食い扶持がなくなるんじゃないかとか、治安が悪くなるんじゃないかとか、いまパニックに陥っている。

永井 どうなんでしょうか？ 日本はそんなに追い詰められているんでしょうか？ 日本のああいう……。

香山 在特会〔在日特権を許さない市民の会〕？

永井 それとか。

> どうも「悪いのはあいつらだ」と〝外敵〟を社会の内外に作って目を向けさせ、それをいっせいに叩くだけでは、内部に高まる不安を打ち消すことはできない。そういう事態がやって来たようだ。
> このままでは「本当に大丈夫なのか？ 災害、少子高齢化、他国の経済躍進、国際的地位の低下、日本はもうダメなのではないか？」といった不安が一気に爆発し、政権に批判が集中したり、社会が混乱に陥ったりするかもしれない。
> それを防ごうとするかのように、二〇一四年になってこれまでなかった不思議な現象が、あちこちで見られるようになってきた。
> 私はそれを、「ぷちナショナリズムからガチナショナリズム、そしてさらにポジナショナリズムへ」と名付けたい。
> （香山『リベラルじゃダメですか？』一三九―一四〇頁）

香山 そういうのに引きつけられる人たちは、いわゆる底辺層もいると言われていますけど、意外にそうでもないという調査結果もある。デモをする人たちは極端だとしても、ネットでそれを支えている人たちもいる。先日の都知事選〔二〇一六年〕でも、在特会の元会長が一一万票も得票しましたけど、彼に入れている人たちは意外にも正社員だったりするという話もあって。その人たちが、いったいなぜそんなふうに思うのかということは、いろいろ説明してくれる人もいるけれど、不思議です。

永井　立派なものがなぜ廃れたかという問題について、いまここで話した話のつながりだけで考えると、結局はそれこそ効力が切れた、ということかもしれない。もし切れたのだとすると、困りましたね。切れたというより、日本に関していえば、ごまかしが効かなくなったのかもしれない。

香山　だけど、アメリカにしても、オバマ大統領という人はどうだったか、ほんとうのところはわかりませんが、ある程度立派な人だったと思うんです。その後が、トランプとヒラリーとの闘い。討論会を見ていても、どっちにしてもなんの立派さもない、双方に。

永井　その通りですね。とりわけトランプさんはちょっとひどい。この段階に至ってもまだけっこう支持者がいるのが不思議ですが。ああいう者はどうしてそんなに……。

香山　日本のいまの世の中では、ああいう言い方をする人が本音を言っているとか、タブーにチャレンジしているとか、むしろバーバリアンのような野蛮なまでのむき出しの「自分さえよけりゃいい」というようなこと言う人が、いまや立派というような評価を受けますね。「よくぞ言った」とか。

永井　仲間内のことだけ考えていこうということですね、アメリカでも。メキシコとの間に壁を作って、仲間を限定して、そこだけでうまくやっていこうと。福音書の「善きサマリア人のたとえ」で示されたような、世界宗教的な立派さの真逆の方向に……。

香山　部族社会のようになっていくんですかね、自分の部族だけがよければ……。

永井　そこに戻っちゃいますね、いまのままでいくと。

香山　フランスの大統領有力候補のマリーヌ・ルペンも移民排斥など極右的ですが、身内に対してはある種の社会民主主義的な考え方を持っている。外国人を追い出したら自分たちではよくやろう、きちんと配分もしようといった感じなんです。仲間内にはすごく優しくて、そのためにも外からきた人は悪いけど出ていってもらうという考え。だから逆に、貧しいフランス人にも支持されているらしいです。

永井　これに対する有効な対策は私にはわかりませんが、原因を考えるとやっぱり経済のグローバル化ということですね。

香山　それは大きいと思います。

永井　それによって化けの皮がはがれちゃった。先進国のあいだではかろうじて成り立っていたものが瓦解しつつある、ということだとすると、手の打ちようがないじゃないですか（笑）。さらにもっと立派なものというか、それに対抗できる何かがないと……。

香山　ですから、後は立派なものがほんとうの意味で立派ではなかったという……。

永井　それは悲惨な結論です。

権威とともに流されたもの

プロレタリアートとは「自分の労働力を売って生活するしかない労働者階級」だが、本来、「中産階級、有産の市民階級を指すブルジョワジーは、マルクス主義においては「資本家階級」つまり「上層ブルジョワジー」のみを略して「ブルジョワ」と呼び、敵視、軽蔑の対象としたのだ。

日本の学生たちにマルクス主義が流行った時代から長い年月がたつのだが、この「ブルジョワ」が二一世紀においては「新自由主義に影響を受け、そこで成功した人」という意味に変わり、相変わらず敵視、軽蔑の対象とされているのではないだろうか。

この『リベラル派＝清貧＝善』対『保守派＝ブルジョワ＝悪』という単純な図式も、私を長いあいだ悩ませているもののひとつであり、同時にリベラル派の弱体化の原因のひとつになっているのではないかと思うのである。

（香山『リベラルじゃダメですか？』一六七頁）

香山　どんな理念に触れても、それは「きれい事だろう」という反応です。差別の問題にあれこれかかわってきて、漫画家の小林よしのりさんと対談したんです（『対決対談！「アイヌ論争」とヘイトスピーチ』創出版、二〇一五年）。小林さんは大学を出ていない。それで、学問に対する憎悪のようなものがあるわけです。なぜ対談したのかというと、少数民族差別の問題がきっかけでした。彼は「アイヌなんていない」ということを言い続けていて、「アイヌ民族はもう死滅して、日本人なのだ」と言う。でも「少数民族の人が、自分たちのアイデンティティをまた復活させたいという志向は世界的潮流で、アイヌの人たちもいままで収奪され、同化させられてきたけれども、いまとなれば、アイヌとしてまた自分たちの言語を習得したいという、そんな人たちがいるんです」と言うと、「それは利権狙いだ」というのが一貫する彼らの主張なのです。「なんで、いま頃そういうことを言うのか」と言う。「それはもう一九七〇年代から始まった世界的な流れで、いままで植民地化されていたところの少数民族も、やっと自分たちのまたアイデンティティや固有の文化の復活を掲げ始め、マオリ族であろうとどこの民族であろうと、みんなやっているんです」と答えると、まず「そんなの俺は知らん」。「それは、国連でもそういう人たちの復興条約があって」と重ねて言っても、「なんでもかんでも国連を持ち出すのか」と言う。国連という言葉が地雷なんです。嫌がる。「すぐ左翼は国連とか学問ということを言う。こういう論文があると二言目には口にするけど、それがどうしたんだよ」と。それですぐ、アイヌがいるというなら、ここへ「連れてこい」って言う。「本物を見たら信じてやる」と。「でも、いまもいると言ったって、民族衣装を着て暮らしているわけじゃなくて、普通にネクタイして会社にいってるから」、「じゃあ、いないじゃないか」。堂々めぐりなんです。その意味では、こっちも拠り所が欲しくなると、すぐに「学会では」とか、「学術的にもこれは認められて」、あるいは「国連の条約が」というのをつい出してしまうので、そういう言い方がもう通用しないわけですよね、いま。

永井　そうですね。

香山　それで通用すると思っていたこちらも、たしかにもしかすると、相手が「そうか。学術的にはそうなんですね」というふうに納得してくれるような人としか話してこなかったっていうこと、なにかすごく嫌な言い方ですけど、かもしれないではないですか。

永井　でも、昔はみんながそういうふうに納得したんじゃないですか。

香山　ですから、それが間違っていて……。間違ってじゃなくて、なんて言うのかな。それこそ岩波新書に出てく論理とか、言い回しに寄りかかるみたいな……。

永井　そういう権威が破壊されすぎたっていうこともありますね。さきほどのポストモダン的な思想傾向もそれに一役買っている。小保方晴子さんもいまだに支持している人がいるわけで（笑）。

香山　あれは『ネイチャー』という権威を、みんなで……。

永井　いまでもまだ、STAP細胞はまだやはりあるので、陰謀によってないことにされた、というようなことを言っている人たちがいますね。どういう人が言っているのか知らないんですけど。ああいうのと似ていて、学会で学問的に否定されたということ、これはもうしょうがないことなのに、すべては陰謀だみたいに考えるんですね。国益に反するとか言って。国益とかなんとか言ったって関係ないんですけどね、科学的な問題だから。STAP細胞って日本のためにあるわけじゃないからね（笑）。全然関係ないことを、そういうことを本気で言う人がいて、あれは日本のためにある方がいいとか、そんなこと言う人もいますね。ちょっと頭がおかしいのかな？

香山　頭が……（笑）。

永井　ほんとうは昔からそういう変な人はいっぱいいたんだけど目立たなかったから、そういう人たちどうしの連帯はなかったんだけど、ネットができてから、そういう変な人も仲間を見つけやすくなって力をつけてきた、ということなのかな。みんなで言えばいいというかたちで言ってみたら、けっこう賛成する人もいるってかたちで。昔はそんなの発言する機会もないですからね。偉い人ばかり本を出して。新聞に書くとか、どこかに書くとかいうのは、名のある人とか、ある程度認められた人しかやれなかったから。いまはネットで勝手に誰でも書ける。そうするとそれでみんな対等に流すことになって、学問的裏づけなどまったくなくて、ない者どうしのネット的連帯が生じてしまう。権威の否定というのがおのずと媒体によって生じた、ということはありますね。本や新聞だったらこいつに書かせようとあいだに入る人がいるので、わけのわからない人に急に書かせたりしないからね（笑）。

香山　そうすると「裸の王様」ではありませんが、読む人が、「なんだこいつの言ってることの方が面白いじゃないか」となって、いままで東大教授が言ってる訳のわかんないことを読まされてきたけど、あの人がネットに書いてる、そんなに名もない人が書いてることの方が、すごくわかりやすいし、面白いというふうになってしまったのですかね？

永井　わかりやすさ、面白さと、真理・知識との区別がほんとうになくなってしまったという面がある……。

壊してはいけないもの

日本社会が反知性主義や陰謀論を選び取らなければならないほど、すなわち「不都合な真実」を直視できないほどの不安や抑うつを抱えなければならなくなるほど弱体化してしまった原因は、……これまたある意味で現実から目を背け続けたリベラル派にもその責任の一端があることを忘れてはならない。とくに、フランスの哲学者であるリオタールの『ポストモダンの条件』などを読んで「大きな物語の終焉」を確信し、その先には民主主義と科学技術の果実としての豊かでヒエラルキー闘争などもない情報化社会がやってくる、などというユートピアを思い描いてしまったポストモダニストたちの責任は重い、と私は考える。

（香山『リベラルじゃダメですか？』一〇二―一〇三頁）

香山　そこで不思議なのが、一般の市民や庶民にいわゆる生活保護受給者をバッシングしてみたりとか、政権を持っている側と、いまわりに連動しているなど、ということです。中国脅威論を煽《あお》って、防衛強化につなげようとか、むしろ排外主義的なものが多くて。あるいは去年〔二〇一五年〕の安保法制をめぐる議論での、憲法の否定もそうですね。つまりあのとき、国会に呼ばれた憲法学者三人が、口を揃えて「これは違憲です」と言ったのに、「それがどうした」と。いわゆる学術的な権威の完全な否定があったわけですね。そういうことを政治家もやるわけです。「この先生が言うのなら、ちょっと聞いてみようか」とか、「考え直そう」ではなくて……。

永井 そうですね。あれもかなり重大な問題で、憲法学や法学の伝統はどうしても尊重しなければならないものの一つなんですよ、政治権力としては。それなのにたかが現在の政治家などが、どっちの方向であれ、自分の都合であういう伝統の蓄積を勝手に動かせると思っているのは、大変なことだと思いますね。

安倍さん、その点は明らかに頭がおかしいレベルですね。安倍さんについて、私はそんなに全面的にどうしようもない人だとは思っていないんですよ。そうなんだけど、法学部出身のはずなのに、憲法の本質とか、そういう事柄に関する学問的な蓄積を尊重するということの重要性の意味が、ほんとうにわかっていないのだと思います。制度というものが、学知の蓄積によって成り立っているということを知らないんじゃないかと思う。そこはすごく不思議な気がします。どんなに保守的な政治家でも、というかむしろ保守的な政治家ならなおさら、目前の政策遂行にもまして重視すべき、則るべき形式や伝統がある、ということ知りぬいていて当然だと思うのですが、そこのところが安倍さんはちょっと、この言葉使わせてもらうと、どうも馬鹿なんじゃないかと思えてしまう（笑）。

香山 それをまた一般の有権者が見ていて、

「いや、ほんとうにちょっとおかしいよ。それこそ馬鹿なんじゃないの」と言ってあきれるとか、愛想尽かすんではなくて、むしろ快哉《かいさい》を叫ぶ。

永井　そうそう。

香山　三人の学者が、慶應義塾大学の教授だから、東京大学の教授だからといって、へいこらすることはない、と。

永井　もしかして、それが狙いだとしたら馬鹿じゃないね。

香山　見ている方は、むしろそこにすごく潔さのようなものを見てしまうわけですね。

永井　それを狙っているんですかね、安倍さんは。

香山　いや、そこまで賢いかどうかはわかりませんけど。

永井　狙っているというか、それはもうわかっているということはありますね。そういうふうになるだろう、と。実際そうなっているわけだから、自分が憲法など無視したって、みんなそんなことで反発したりしない、と。それを知っている。そうか、それはありますね、いろんな点から考えて。

香山　考えているのか、たまたまやっていることが当たっているのかはわかりませんね。自民党の総裁の任期が六年だったのが九年まで伸びましたね。そういうのも、むちゃくちゃじゃないですか。これも、いままでだったら恐らく顰蹙《ひんしゅく》を買うはずです。「そんな勝手なことをすんなよ」と国民の方が怒ったはずですけど、それに対して誰も、「勝手なことをするな」とは言わずに、逆にそれこそ「なぜ六年じゃなきゃいけないんだ」といった開き直りのような議論になって、その六年という数字の根拠も誰もよく説明できずに、ただ権力が集中するのはよくないからと言うと、「じゃあ集中して何が悪い？」と、さっき言ったようなむき出しの質問がくる。「何が悪いんだ？」と。これは、逆に答えられないんです。

永井　あの人、保守的ではないんだね。保守的というのは、そういうふうに六年と決まっていたものなら、とにかく六年を守ります、まず。

香山　革新？

永井　あるものは守って、もし改正するときには、自分に適用できないときに改正しなければならないというのは、これは基本的な保守的ルールってもんです。そういうこともまったく無視する。

香山　例えば、普通の大学だって学長の任期が二期なのに、自分が在任中に「これから三期にします」なんて言ったら、それこそ……。

永井　自分が在任中に、自分の任期を伸ばすということはあり得なくて、どうしても伸ばしたいときは自分には適用せずに、その後の人から長くするとか、そういうかたちでやるというのが普遍的なルールなんだけど、そういう慣習というか、目前の利害よりも重要な保守的価値を重視しないですね、これがまた不思議で。

香山　そこがまた逆に破壊的で、すでに破壊してしまったとか。

永井　不思議だな。でも、みんなが支持してるんじゃ、しょうがない。

香山　しょうがないですか（笑）？

打つ手は？　新しい倫理は？

永井　しょうがないというか、そうだとすると、いま、世界的に見て、時代の大転換期を迎えていて、まったく未曽有のことが起こっているのかもしれない……。

香山　それ、大変なことじゃないですか。

永井　これが、その破壊的な方向に……。

香山　いや、そうじゃないですかね。

永井　だとしたら、打つ手は。

香山　ないんでしょう。

永井　あまりないですね。ネコの首に鈴をつけるようなことはあって、例えば民主主義というのは国別じゃないですか。いまやすごくグローバル化したんですから、国別に国会があるっていうのはほんとうはおかしいんだけど（笑）。だからアメリカの大統領選挙では世界中で投票するとか、そうしましょう、なんて言っても意味がない。すべての国が反対するでしょうから、国家としては。

香山　内政干渉だと言いますね。

永井　本来は、現在の状況に合わせるのだったら、国別民主主義がもう破綻していて、グローバル民主化をしないと。実現不可能だけど。

香山　そこで国連のようなものがある程度、機能するだろうという、多分そういう仕組みになっているのかもしれませんけど。

永井　国連ね。これがね……。

香山　だから、そこではどうなの？　国連や、その政治的な問題ではなくて、さっき言ったような二千年前にギリシア哲学なり、宗教なりが果たしてきたような役割を、それこそいまの哲学か、他の何なのかは別にして、それが改めて果たすということはないのですか？　それ、できないんですか？　新しい倫理とか。

永井　ですからロールズとか……。

香山　サンデルとか。

永井　失敗しているわけです。結局、原理的な普遍性を築き上げようとしたけど、最終的に言ったことは、リベラルな伝統によって支えられているということしか根拠がない、ということを認めることになった。それはつまり、リベラルな諸価値に普遍的な根拠がないことを認めるということですね。普遍性があると、最初は言っていたわけだから。ある歴史的な伝統の中でそれが認められているだけだということは、他の伝統と等価になってしまいますから。ロールズのような人自身からそう言われてしまっては、おしまい。

井上達夫さん〔法哲学者。一九五四年―〕だけは一人で頑張っていますね。井上さんだけは、ロールズの初期のやり方でやれると言っているけれど、本家が自分で否定したというのはちょっとまずいね。

香山　そうですか。ヨーロッパでも、いわゆるキリスト教的ヒューマニズムのようなものも、そんなに有効ではないんですか。

永井　そもそもキリスト教がヨーロッパで衰退していますよね。クリスチャニティーというのは、インテリの世界では尊重されないものになっていると思います。アメリカは知らないけど、ヨーロッパではそうじゃないですか。

むしろ哲学とか思想とか、そちらの方で課題として立てるとしたら、次々とメタレベルに立って先鋭化するよりは、いちばん元に戻って、根本からやり直す方がいいと思うのです。大昔の人がやったようなことをね。でも、そういうことって、やれたとしても影響与えるのにものすごく時間がかかりますけどね。

世界的人材不足

香山　でもなぜ、その二、三千年前にキリストなり、仏陀なり、人材がそんなふうに輩出したんでしょうか？　その時期に集中して。

永井　一般によく言われるのは、要するに都市に人が集まって、そこで見知らぬ人たちがいっぱい出会うようになったということですね。昔は、その地域ごとに生まれたときから顔を知っているという意味でパーソナルな関係だけで生きていたのが、たくさんの顔を知らない人と共に生きる世界になって、そこで今日的な意味での倫理性が要求されることになった、と言われますね。われわれの世界は、ともかくすごく人がいるわけです。東京は一千何百万もいるわけですね。もちろんほとんどは知らない人です。さらに地球だと何十億もいて、何を考えているのか、何を欲しているのか、実のところは誰にもわからない……。

香山 人口が昔より多いということも……。

永井 ありますね。それで、多様なものの共存が要請されているわけだけど、誰にもあらゆる種類の人のことを考える能力はないですからね。たとえ知的には理解できたとしても、具体的な想像力は及ばないですからね。

香山 そこにはいたんでしょうか。おらが村のキリストではありませんが（笑）、そのぐらいのレベルの人はいたのかな？

永井 小さい共同体だと、一応はすべての人のことを考えるという想像力が、自然に働くということがあるんだと思うのです。

香山 でも、そのキリストの時代はそれぐらいの規模だとしても、キリスト教なり仏教なりがこんなに何千年も一応は残っているということは、例えば現代でも二千人の村のことしか考えられないにしても、「そこからすごい人がいるよ」といった感じで、それこそインターネットもあるんだから、その人の思想なり、人となりをあっという間に世界に伝播させていけそうな気もするけど、そういう人もいない？

永井 まあ……（笑）。

香山 いるなら、もうわかっていそうな感じ？

永井 あまりいないですね。

香山 例えば、世界的人材不足みたいな？

永井 世界的人材不足じゃないですか、いろいろな領域で。例えば哲学でも、百年から数十年前の時期を考えると、フッサールやハイデガーやサルトルやメルロ＝ポンティやレヴィナスがいて、他方ではフレーゲやラッセルやウィトゲンシュタインや、といった人たちも同時に生きていた時代があるわけですが、このところそう後世に名を残しそうな哲学者は一人も見あたりません。たまたまなのか、歴史的な理由があるのか、わからないけど。

香山　私はキリスト者ではありませんし、カトリックのこともまるで知らないのですが、ヨハネ・パウロ二世〔ローマ教皇。一九二〇―二〇〇五年〕さんのことは私も含めてみなさん知っていたわけじゃないですか。どこか徳がありそうなおじいさんがパーキンソン病だけど頑張っている姿は、多くの人がありがたい感じがすると受けとめた。でも、その後の法王は、誰も顔も知らないような人たちばかりですね。

永井　政治家にしても、この頃、「この人はよさそう」という人はあまりいない。

香山　ダライ・ラマ一四世さん〔チベットの法王。一九三五年―。在位一九四〇年―〕という人は、そこにいるだけでありがたい感じがいかにもするけど。

永井　そうですね。それはありますね。

香山　じゃあ、あの人の後どうなるかといったら。

永井　ダライ・ラマ制度を廃止するという話ですね。

香山　うん。でも制度が存続しても、恐らくチベットにもいないでしょう。日本もそういう意味で、いまの天皇はなんとなくありがたい感じがしないわけでもないけど、退位されてしまったら、次は？　ということになりかねない。アメリカは、オバマさんがいたということかもしれませんけど、例えばケネディに匹敵するとか、誰もが知っているというスーパースターが、どの分野でもいない状況が続いて……。

永井　いないですね。日本の現天皇は隠れキリシタンですね。皇后経由だろうと推測しますが、キリスト教的奉仕活動家だと思います。オバマさんはよかったと思うけど、どうも、残念なことに、そういう人はダメなんですね（笑）。ああいう、ある種の普遍性のある人は受け入れられないんですよね、いまは。

権威と権力がねじれて

香山　いつの時代も、すぐ前の、直前の時代への反発とルサンチマンを抱えつつ自己形成をするということが言われます。それが反復していくというような世代論ですね。それをこの時代に的を絞れば、いずれまたほとぼりが冷めれば、この下の世代は知的なものの方に回帰する、いわゆる反知性主義とか言われるような、まさにいまの時代を批判するかたちで、また知性の方に戻るという話も出てくることになりますけど、でも私、この時代は、少し大げさかもしれないけど、振り切れちゃってる気がしている。もう戻る余地がないのではないか、と。じゃあ、次の世代の人たちが、「あんなバカな大人にならないように、またもう一回勉強しよう」とか、「やっぱり歴史をもう一回認識しよう」とかってなるかな、という疑い、ちょっとそこは危惧している。もういくところまでいっちゃおうという気分が、あまりにもさっきの世界的傾向なので、楽観していないのです。そんな単純な行ったり来たりの話、いまは右翼の時代として、それが交替して次にはもう一回、リベラルな流れになるというのは違うと思っている。

いろいろ言いながらも、昨今の反権威主義のようなものは、わからないでもない部分もあるの。いわゆる知的なある種の権威主義のようなものがなくなったわけです。例えば、本を出すことは偉いことだとか、同じ本でもつまんない出版社より、やっぱり岩波書店の方が偉いといったような。そういうことは、たしかにないわけじゃなかったわけだから。それに対して、それはすごく欺瞞に見えるというのもわからないではないんです。

永井　反権威主義という点では、六〇年代末の、例えば全共闘運動とか、ああいうもののエートスと、むしろつながっているんじゃないでしょうか。

香山　いまの若者世代も反権威ですけど、でもさっき言ったように政権は支持してるわけじゃないですか、一番、権威の象徴であるはずの政権を。安倍さん、バカかもしれないけれど、政権自体が反権威主義みたいに、憲法学者をバカにしたりするわけだから、変なんです。

永井　政権は権威的ではないんですね。むしろ反権威。

香山　権力だけど。

永井　うん。権力ではあるけど。そこがポストモダンなんですね。ポストモダンも実効的権力ではなく理念的権威と闘ったわけで。吉本隆明も同じです。安倍首相という人は、見かけもあんまり偉そうでもないし、言い方も下手だし、それにたまたま滑舌が悪いところがいいのかもしれない。それでも、いまも五〇パーセント以上の支持率を維持している。あれはやはり不思議です。

香山　私も朝、電車に乗ると、「この電車の中の二人に一人以上は、安倍支持なんだ」と思って、「どの人だろう？」なんていつも思ってしまう。恐ろしいことだと思うんです。たくさん人が集まる野球場でも、「ここにいる二分の一は安倍支持なんだ」と思うと恐ろしい。それぐらいはいるわけですね、勢いとしては。

欺瞞の無限遡行

彼〔吉本隆明〕の初期の共産党批判はニーチェのキリスト教批判の縮小再版であることに気づいた。吉本が何でもかんでもスターリニズムと言って批判するのは、ニーチェが何でもかんでもニヒリズムと呼んで批判するのと本質的に同型の視点だろう。……
ニーチェとの同型性と並んで、キリスト教をマルクス主義に置き換えれば、キェルケゴールとの同型性もあると思う。その場合、デンマーク国教会に対応するのが日本共産党ということになる。……
ニーチェ同様、神学論争の内側から外に突破できる力量は凄いとは思うが、もともと外部にいる者の視点から見れば無意味で害悪の方が大きいということもあるだろう。

（永井『哲学の賑やかな呟き』三一二―三一四頁）

永井　さっき、「自分の問題を掘り下げよ」ということにかかわって、吉本さんの話をしましたが、戦後の長いあいだ、第一線だったこともあって、その後のコースを転向として問題にしようとする人がいますが、ある意味では転向をしているでしょうけど、私はむしろ最初から一貫していると思います。ただ、吉本さんの思想は、マルクス主義と共産党が権威である時代にしかあまり魅力のない思想なんです。そういうものの中でのものだから。マルクス主義というもの自体、近代社会の欺瞞や虚偽を暴くのですけど、そのマルクス主義を標榜しているものの欺瞞を暴くのが彼の出発点だから、そこには欺瞞の欺瞞の欺瞞……という構造があって、初発のマルクス主義や共産党が弱くなれば、あまり意味のないものになってしまうというものなのです。

ポストモダンは全然意味がなかったかといえば、ちょっとそれもまた疑問で。ポストモダンと言っても、個々の人がいるわけで、いろいろありますけど……。

香山　ミシェル・フーコー〔ポスト構造主義の哲学者。一九二六―八四年〕とか、頑張った人もいま

すよ。

永井　うん。ああいう人もいるわけで、フーコーは流行思想になったけど、ほんとうはいま語っているような文脈とは無関係に地味に重要な仕事をしたんじゃないでしょうか。だから、全部一般化してもしょうがないけど、でも、いまから見ると意味がなかった、あるいはむしろある経路で悪影響を与えることになった、あるいは少なくともいまの役には立たない……。

香山　いま私は、立教大学の現代心理学部で、映像身体学科という、ジル・ドゥルーズ〔一九二五―九五年〕〔差異の哲学。「リゾーム」「器官なき身体」。〕がご専門の宇野邦一さんとか、フェルディナン・ド・ソシュール〔言語学者、言語哲学者。一八五七―一九一三年〕を専門としておられる前田英樹さんが作った学科にいて、そこではドゥルーズ哲学を柱にしているんです。私はドゥルーズが詳しいわけじゃないけど、もちろん嫌いじゃない。いまアメリカで再評価されているようで、ドゥルーズはこれから違う意味と位置をまた持ってくるかもしれないけど、ちょっとわからないところがある。別に、いますぐ何にでも役立つというのも好きじゃないけど、ドゥルーズを道具として、いま、この映画を一所懸命読み解くことがいったい何を意味するんだろう、と考えてしまう。教室もロフト教室といって、西武のスタジオ200のような、どこか昔っぽい、昔の西武文化の香りが残っているような学科なんです。私も懐かしくないことはないのですが、時代の落差を通して、あの時代にこれがあったせいで、いまこうなったっていうように見えてしまうんです。ちょっとダメなんです。あれは何だったんだろう。みんながすごく知的で、洗練されているように見えたあの時代は、と。さっきからのお話のように、いわゆる人権の意識とか、昔から、キリストの時代から登場してきて、また近代に焼き直されたという普遍的価値のようなものを、人類が共有して、その上に成り立っていながら、自身も基盤としているそれを掘り崩していくようなものだったんでしょうか？

永井　そうでしょう。そういう面があったと思いますよ。そう捉えれば、源泉はニーチェですね。敵が理念の世界の権威で、実効的な権力じゃない。抽象的に言えば、悪よりも偽善と闘いたいという心性。しかし、相手がうまく働いているときには強大に見えるけど、その欺瞞を突くと、そしてそういうことが流行ってしまうと、それはほんとうはかろうじて守り育てていかなければならないような弱いものだったから、意外に簡単に滅んでしまうということがありうる。補完して盛り立てていかなければならなかったのに。

香山　その見込み違いはどこから出てきたんですか？

永井　ものすごく強いと錯覚したのではないですか。

香山　それって何でしょう？　自分たちがそういう人しか見てこなかったから？

永井　そういう側面しかね。相手がものすごく強いと思い込んで、その欺瞞的な側面を暴くということで、そうすればさらによくなると思った。好意的にいえば、そういうことですね。好意的にでなくいえば、ただ面白いことやろうと思った。これは悪いことではないですよ。知的に面白いということは、やはりそれ自体で重要ですから。

香山　それ、いろんな問題にあてはまりますね。私は医学部で育ったわけですけど、大学の医局制度がものすごく糾弾されて、医局が破壊されたわけです。医局は、たしかに権力が集中していて、ピラミッド構造ができていたことは間違いないんです。その医局が破壊されて、みんなが個人で動くようになったらどうなったかというサンプルみたいなものなんですが、誰も僻地《へきち》の病院にいきたがらないという悲惨なことが起きてしまった。それまでは医局制度があって、都道府県への人事はすべて医局が握っていて、有無を言わさず、例えば私は北海道大学の医局にいましたから、稚内《わっかない》の病院へいけと言われると、もうまったく断ることはできず、ともかくみんな指示に従っていかなきゃならなかった。それはひどいと批判し、反対して、その挙げ句、医局制度が崩壊したら、札幌の病院にしか人がこなくなって、地域医療崩壊という事態が生まれてしまった。ここへきて、「医局があった方がよかった」と言い出す人もいる。

良識という前提の弱さを見誤った

香山　個人が全員、ある調和を考えて倫理的に振る舞うだろうという前提で、権力の集中を解体してみたらまったくそうではなくて、それこそアトムとなって勝手に振る舞うようになってしまった。そこにグローバリゼーションと新自由主義がやってきたから、今度は医者であっても、少しでも儲かる方へという動き方をする人たちが出てきちゃった。医者なのに臨床はやらずに、ベンチャー企業を経営して、そこへ医者を派遣する事業家が登場した。東大の医学部を出て、医療の会社を作り、検査を請け負います、遺伝子検査をします、というビジネスを始める人たちが出てきた。「この人たち、いったい何のために医学部にいったんだろう。社会は、税金で医学部にいかせ、医者を育てているのに」と私は思っちゃう。そういう意味で以前は社会の中に、個人というものがもう少し良識的に他者に配慮して、自分のためだけではなく振る舞うものだという見込みがあったのですね。

永井　それが前提で、そこは非常に強い基盤だと思っていた。揺るがずにあると思っていたけど、実はそこが崩壊してしまった。意外に弱かったんですよね。だから、むしろそこに誤魔化しがあろうと何だろうと、頑張ったやつを育てていくことが必要だった。

香山　そう思います。

永井　そうでないとダメなんですよね。

香山　医局なども、もっといいかたちを取って、それを支えるべきだったと、いまになって思う。教会もそうですね。教会は精神的権威としても、共同体の要としても、一直線に破壊に向かったように見えます。日本だけのことではないとしても、いまになって、けれどいまこそ教会が地域の中心になって、いろいろな奉仕活動や慈善事業をすべきで、むしろそういう要素は支えるべきだったのだろうと思うのです。ただ壊せば、もっといいものが出てくると思い込んでしまったのですね、きっと。

大学もそうです。大学もいまやほんとうに大変なことになってしまっていて、いろんなことでビックリさせられることがある。私はですから、できるだけかかわらないようにしている。例えばいま、日本学術会議が軍事予算を取ろうとしている。これまで日本学術会議は、この件に関して二回声明を出している。「もう軍事研究はしない」という内容の声明だったわけですが、いまそれを見直そうという検討委員会ができているのです。防衛装備庁から六億円の予算が提示されて、これを競争的資金として使っていいと言われる。なんとその次は、つまりいま概算要求をしているのが一〇八億円（笑）、これがそのまま認められるかどうかはわかりませんが〔その後、一一〇億円の予算が承認された〕。一方、大学では現在、恒常的な研究費不足が言われている。そんなところへ、一〇八億円のお金出されて、「これ好きに使っていいよ」、「みなさんでどうぞ」とか言われたら、やっぱり手を出してしまう人も出てくるわけです、きっと。背に腹は替えられない、と。おまけにそれは、軍事研究という名目ではなくて、基礎研究という名目なのです。ミサイルの研究ではなくて、例えば早く泳ぐ魚の研究とか、そういう話なんです、どれも。それはだから、誰しも軍事研究をやっているのだと思わずに取れる仕組みになっているんです。だけどそれは一応、軍事予算から出ているのだからやめようということになっていたのが、「いいんじゃないの」という方向にいきつつある。理系の人たちだから純粋だという面もあって、拍車がかかってしまうと思います。

そういう動きにはっきり反対しているのは、宇宙物理学の池内了さん〔宇宙物理学者。一九四四年―〕一人、宇宙開発はそのまま軍事目的に、どんな研究でもすぐ転用されますから。池内さんがお一人で頑張っているという感じです。それも、「なぜ、学者が軍事研究しては悪いのか？」という居直りのような論理でくるから、逆に言い返せないのです。「外国では、すでにみんなでやっている」、あるいは「どんな研究だって、いつか軍事目的に使われる可能性はある」、例えば「哲学の研究だって、いつかもしかしたら強い兵士をつくることに転用されるかもしれないのだから、そこを防ぐことはできないのだから、だからいま、始めたっていいではないか」と、そういう理屈なんです、その推進派と言われている人たちは。

永井　なるほど。

香山　こういう理屈を、論理的に押し返すのは難しくて、それでもともかくダメなんだとか、ダメなものはダメだという言い方しかできないんですけど。「なぜ？　科学者が軍事研究をしてはダメだってどこに書いてあるわけ？」なんて、SNSによく出てくる論法が振り回される。総動員したこのあいだの戦争で、六百万人が命を落としたんだけど、などと言おうものなら、さっき話した奇妙な固有の言語しか持たないピダハン族じゃありませんが、「お前、見たのか」ということになる。「いや、見たわけではないけど」と言うしかないんですが、見たことしか信じないと、逆にそういう言語化しない方に向かっているということでしょうか。言語化しないということは、他者を配慮するというか、共同性や社会性から一部降りてしまうことを意味するようにも思うのですが。

マインドフルネスは、なぜはやるのか

道元の『正法眼蔵』を読んでいる。以前に、最近大古典（とされている本）を読み返したり初めて読んだりしてみると意外にチャチなのに驚くことがあると書いたことがあるが、これもそれ。有名な「現成公案」なども諸解釈者の諸深読みの方が面白い。原文は「若書き」という語がぴったりで、しかも予

想通りのことしか書いてない。

　しかし、私は疑う余地なくこの本が好きである。このようなことを熱意をこめて舌足らずに語ろうとする著者に好感を感じる。がんばれ、道元！

　ついでに坐禅もしている。無念無想の境地には簡単になれて、すぐに宇宙と一体化できるが、そうすると呼吸が細く長くなって一分近くはきつづけていられるようになるのはやはり不思議な感じがする。くらくらして酔っぱらったような感じになってしまうので、とても悟りは開けそうもないが、とても気分がいい。

（永井『哲学の賑やかな呟き』三二四—三二五頁）

永井　言語化することの意味ということについていえば、話を最初に戻すとして、仏教というのはそういう問題を根本的に引き継いでいる面がありますね。梵天勧請《ぼんてんかんじょう》という問題があって、仏陀が悟りを開いたときに、こんなことは人に教えても理解されないだろうから、誰にも言わずに死んでいこうと思ったのに対して、梵天という神さまが人々に伝えるように説得したという話で、これは教祖の動揺と二面性を示しているという点で、十字架のキリストが「なぜ私をお見捨てになったのですか」と神に叫んだという話と同じ素晴らしい話だと思うのですが、仏陀の場合には、黙ることと語ることとの選択において、仏陀自身が最初は沈黙の方を選んでいたという点が重要だと思います。だから、語ることを選んだ後にも、何か語りにくい、伝えにくいことを伝えようとしたのは確実です。さらにもう一つ面白いと思うのは、語る方を選んだ後にも同じ二面性が繰り返されるということです。つまり、いわば、単に伝えてみて伝わる人だけと一緒に引き籠もろうとした、とも取れますから。そうすると、この世の中をよくしようとしたのではないかもしれない。それは諦めていて、世の中から逃げるのに道連れがいてもいいと思っただけかもしれない。世の中をよくしようとしたと取るのは大乗仏教の曲解かもしれない。

原理的に考えれば、瞑想には本質的にそういう二面性が内在していると思います。本質的に語りえぬことを語る、伝えられないことを伝える、という二面性です。いまマインドフルネスが流行っているということは、いま話したような問題と、どこかでつながっていそうな気がするのです。人間は放っておけば心の自然な暴走に完全に操られて生きていて、そのあり様を対象化して観ることさえまるでできない惨めな存在ですから。ともあれ、まずはそのあり様を観ないとどうしようもないんだけど、どうしてそれができるか、その可能性の原理を言葉で他人に伝えることは原理的に不可能なのですね。言葉の外に出なければならないので。その辺のところは『仏教〈3.0〉を哲学する』(前掲書)で、二人のお坊さんと議論しましたが、結局お坊さんは各人が自分でつかめるようにコツを教えることができるだけなのですね。

自分の心を観ることができるようになれば、つまりマインドフルになれば、それで世の中がよくなるわけではないです。そうではなく、世の中からの正しい逃げ出し方を教えているだけかもしれないので。しかし、人々が世の中からの正しい逃げ方を身につけて、それで世の中にいると、そのことで世の中がよくなるという可能性もあるとは思います。しかし、逆に、仏教関係者や、マインドフルネス関係者も認めたがらないけど、マインドフルに通常の意味での悪事を働くことは可能だと私は思いますけど。むしろ、それもまた可能ではないとあまり意味がない。

香山 瞑想して落ち着いて粛々《しゅくしゅく》と権力に利用されるとか、そういうことがあったり(笑)、沈静して、もう反発しないとなっちゃったら怖いな。

永井　それもありうるし、もっと悪い場合もありえます。瞑想者で、歴史に名を残した大量殺戮者もいます。瞑想で心を落ち着かせて、殺傷する人はいたと言われてます。どういう瞑想かはわからないけど、おそらく心を落ち着かせるサマタ瞑想のようなもので、平静にいくらでも人を殺せる（笑）。そういう場合もありうるに違いないと思います。しかし、ヴィパッサナー瞑想まですると、それは難しいでしょうね。しかし、一般論としては、瞑想が通俗的な意味での道徳の水準に直接関係していると考えるのは、仏教の一般的な公式見解ではそうなっていますけど、私は間違いだと思います。

瞑想の効果と難点

想念の存在が気づかれ、客観的視点から明らかに見られると、想念のもつ志向性は奪われ、それが連鎖的に膨らんでいくことも、それに基づいた二次的な感情が起こって行動に移されることも、止められる。志向性が遮断されれば、心の状態は心の中で現に起こっている単なる出来事として、ただそれだけのものとなるからだ。

この世のあらゆる悩み苦しみは、われわれがつねに頭の中で流し続けている想念（のもつ志向性）が作り出しているものなので、それらが生まれる瞬間を捉えて、それを単なる出来事として見ることができれば、われわれはあらゆる苦悩から逃れることができることになる。過去に届く後悔や未来に届く心配も、瞬間的にその届かせる力を奪われてしまうことになる。想念が膨らんで力を持ってしまう前に気づくことが重要なので、気づきは早いほどよい。

（永井『哲学の賑やかな呟き』三四一—三四二頁）

そのマインドフルネスにさらに接近することになったのには、二つの具体的な理由がある。

一つは、マインドフルネスは実は仏教の最も基本的な形であるテーラワーダ仏教のヴィパッサナー瞑想に端を発している、というよりその瞑想そのものを軸としているのである。私は二〇一〇年、テーラワーダ仏教協会で瞑想指導をするアルボムッレ・スマナサーラ長老と対談する機会を得た（『生きる勉強』サンガ新書、二〇一〇年）。そのときはヴィパッサナー瞑想について恥ずかしながら関心も知識もほとんどなく、スマナサーラ長老に直接、説明いただいたにもかかわらず、見当違いの返事をすることしかできなかった。マインドフルネスを知り、改めて「そうか、これがあのとき長老が語っていた瞑想だったのか」と気づいたのだ。

そしてもうひとつ、私とマインドフルネスというよりヴィパッサナー瞑想を結びつけてくれたのは、何といっても哲学者の永井均氏だ。私は昔から永井均氏の著作の愛読者であり、「存在論的独我論」とも呼ばれるその独自の哲学の世界に強く惹かれつつも、なかなかその核心をつかみきれず悪戦苦闘し続けてきたのだ。その永井氏が日本経済新聞に「半年ほど前から瞑想修行を始めた」の一文で始まる「瞑想のすすめ」というエッセイを寄稿したのは、二〇一三年二月一〇日のことであった。これは永井ファンのみならず、活字や学問の近くにいる人たちにとってひとつの〝事件〟であり、ネットの世界の読書家たちは「あの永井均が瞑想を！」と騒然となった。

（香山リカ『マインドフルネス最前線』サンガ新書、二〇一五年、六—七頁）

香山　例えば、自分と世界とのかかわり、身体とまわりとのつながりとか、そういうことが意識にあって、他者に対する優しさとか、自分だけで生きているのではないという意識が芽生えるということもあるんでしょうか。

永井　慈悲の瞑想というのがありますね。

香山　あります。

永井　慈悲の瞑想は、完全に自分のふだんの心の動き方が終わって透明な状態になった段階で、今度はあえて言葉を使って、ふだんの心の働き方をさらに強力に逆転させるんですね。

香山　あれはすごいなと思うのですが、「私のことを嫌いな人も幸せになりますように」という……。

永井　あれは大事です。私のことを嫌っている人、あるいは逆に、私の方が嫌っている人、そういう人も幸せでありますようにと、向こうがどういう人であれ、それとは関係なく、その人自身が真に幸せでありますようにと、こちらから一方的に、心の底から願うということが重要ですね。慈悲の瞑想は梵天勧請のラインに乗って一切衆生の幸せを願う方向でできているので、みんながやるようになれば世の中はよくなるでしょうね。でも、あれだって、慈、悲、喜、捨で最後は捨ですから、定型化された慈悲の瞑想では、「悟りの光があらわれますように」となっているけど、ほんとうはそうではなく、最後には慈、悲、喜も捨てるのだと思いますけどね。そうでないと真の慈、悲、喜にならないというパラドクシカルな構造が内在している、と私は思っています。

香山　瞑想では、修行がここまで達したと、評価する階梯ってないんですか？

永井　ありますね。いわゆるテーラワーダ仏教には悟りの階梯があって、おおざっぱには四段階です。預流果《よるか》、一来果《いちらいか》、不還果《ふげんか》、最後が阿羅漢果《あらかんか》です。その前にも中にも順番があるらしいですけど、それ自体そんなに信じるに値するものかはわからないけど、そもそもその段階って、そこまでいっていない人には意味がわからないんですね、いろいろ聞いても。あの話の変なところは、自分がそこまでいかないと理解できないということですね。ほんとうなのか嘘なのかもわからないけど、原理的に嘘だとわかるという段階は存在しえない（笑）。そして、一番上までいって阿羅漢果を得る人って滅多にいないんですよね。スマナサーラさんだって阿羅漢であるわけではないですから。

香山　それは自己申告制なんですか？

永井　自分でわかると言いますね。ほんとうなのかな。でも、言い立てたりしてはいけないんです。だから、阿羅漢になったとしても、「俺なったぞ！」というふうに言うべきものじゃないんですけど、もう明らかにわかるんだ、とも言いますね。日本にはいないでしょうね、多分（笑）。坐禅系で悟りを開いている人がいるかもしれないし、いたでしょうけれど、それだって、そんなことを宣伝する人はいないですから、わからないですね。いたらどうなるってものでもないですし。

香山　道元の『正法眼蔵』の中には、たしかそこに「いるだけで光り輝いて」というのがあったような気がするけど。

永井　そのぐらい素晴らしい人だといいけどね。仏陀の時代は、仏陀を見て、ちょっと話を聞いただけで悟った人がいるって言いますね。何も修行しないで、仏陀の言葉を聞いているあいだにもう悟る、と。

香山　いいですね。

永井　それはたしかに素晴らしいんだけど、ただ、普通の人にとって瞑想の難点は、瞑想が終わると、もとに戻っちゃうということですね（笑）。それを持続するのは、また別の何かが必要ですね。

人によっていろいろ違うことを言いますけど、持続させるためには常にマインドフルでいなくてはいけないと言う人もいるし、あるいはそうではなくて、いったんその状態になったということを覚えているだけでいいとか、いろいろに言われますけど。

香山　瞑想の効果というのは可逆的なんですか？

永井　可逆的ですよ。

香山　でも、インドの刑務所で瞑想法を取り入れてみると、その囚人の人がかなりこう……。

永井　藤田一照さん〔曹洞宗僧侶。一九五四年―〕は、私が「戻ってしまうじゃないか」と言ったら、「いやいや、長年やっていれば戻らなくなってくる」とおっしゃっていましたが。

香山　脳科学的にも、前頭葉が全体的に動くようになると解説されて……。

永井　藤田さんは、もう四〇年ぐらいはやっているわけだから、四〇年、多分一日何時間も坐っているのでしょうから、ああいう人たちは、そうしたら脳も変形してるでしょうね。みんなに「それをやれ」と言うわけにはいかないけど、でも一日二、三〇分を数年続ければ、多少は脳に影響するでしょうね。影響すると言っても、あまり頭にきたりしなくなるという程度でしょうけど。少なくとも怒りは非常に減るようです。あと、動揺が鎮まりやすくなる。

香山　だって安倍晋三さんだって坐禅しているんですものね。

永井　たまにでしょう？　しかし、そもそも瞑想によって政治的意見が変わるというようなことはないですよ。その意味では、もしかすると効果があったのかもしれない。彼はほんとうはもっと情緒的な人のような気がするけど、落ち着いた戦略的な人にはなっていると思います。しかし、瞑想ってとにかく毎日やらなければダメなんですよ。

短くても、例えば一〇分でも。とにかくそれを同じ時間に、毎日。私はだいたい、毎朝一時間ぐらいはやっています。そろそろ五年ぐらいはやっていますが、ぜんぜん悟らないけど（笑）、気分は若干よくなった気もします。前はもっと鬱々とした人間だったと思うけど、最近なんかへらへらした感じになっている。

香山　禅でいえば、三昧《さんまい》の状態に割合とすぐに入れた、と書いておられる。

永井　それは私の哲学上の見解との関係の話なので、前回の対談〔「ヴィパッサナー瞑想を哲学する」前掲書〕を読んでいただくことにして、そのことがふだんの生活に影響を与えてきているのかどうかは、以前の感じを覚えていませんから、わからないんですけど、ふだんの気分というものが多少よくなっているような気はしますね。

香山　それは電車の中でやるのではなくて、そのためだけに時間を取ってやっているわけですね。

永井　そうです。でも、電車の中でもよくやりますよ。効果は必ずあると、私は断言できるけど、でもそれも少ししかないというべきかもしれない（笑）。これですべてが解決できるというほどには……。その証拠に、長年やっている人もそれほど大した人じゃない（笑）。

香山　やっていなかったら、もっとひどかったということですか？

永井　そうです。その通りだと思いますよ。もしやっていなかったらイライラし続けたり、意気消沈しっ放しだったり、したような人が、おかげでともあれ落ち着いた元気な人になっている、という感じがありありとわかる人っていますから。

香山　でも比べられないですものね、やった人生とやってない人生とを。

永井　それで、世界の人がみんな瞑想をやるようになったら、世の中よくなるかというと、これはあくまで仮定の話で、やるようにはならないだろうけど、もしそうなったとしたら世の中よくなるかという問いへの答えは、多少はいいかもしれない、という程度ですね。みんなが短絡的にその時の激情に駆られてカッカすることが減るという意味ではね。そういう意味では落ち着くということはあると思う。しかし、その程度でも侮れないとは思いますよ。人間ってやっぱり、自己中心的というより、むしろ自分の利害以前の何かその時の気分のようなものに操られて生きていますから。

香山　脳内のケミカルなものにも左右されて、女性だといろんなホルモンの問題などで、私もそういう経験がありますけど、ちょっとしたいたずらでも悲観的に考えちゃったりということがありますものね。

永井　ありますね。そうそう、気分っていうのがあって、気分の動向に左右されるということ、それってなぜだか動かせない力があるんですね。すごくどんよりしてみたり、すごく明るくなったり、またカッカしてみたり、そういうことというのはあって、これに打ち勝つというのは、なかなかできない。その点では瞑想は役に立ちます。ただ、今回ここで問題にしたような世の中のシステムの問題をそれで解決するというのは、ちょっと無理だと私は思いますね。一助にはなるかもしれないですけど。さっきの慈悲の瞑想の話で、ああいうものが世界的に大流行したら、さすがに世界は変わると思いますけど、みんながそうなるなんてことがありうるなら、もうなっているはずですからね。

香山　それはキリスト教でも、アッシジのフランシチェスコの祈りに、「愛されるより愛することを」と、自己犠牲的に「自分が何かをすることを望む人間にしてください」というのがあるんです。学校でもよく取り上げていますけど。それもさっきから言っているように、そうしないと大変なことになるといったことでつくられた知恵かもしれないんです。そうとでも言っておかなければ、すぐに人間は利己的になってしまって、もうメチャクチャになってしまうから。

永井 慈悲の瞑想では、そういう状態になる方が自分にとって気持ちがいいんだ、楽なんだ、楽しいんだ、というところが大事ですね。瞑想が他の信仰などより若干いいと私が思うのは、いわばそれ自体が娯楽だという点なんです。それ自体快楽で、人に対してではなくて、自分にとってお酒を飲むのと同じぐらいの快楽があるわけです。それで人間が立派な人になるとか、善き人になるということもあるかもしれないけど、その前に気分がよくなって、嫌な感じが減るわけです。そういうところが先にありますから、その点がお勧めなんです。そうじゃないと、道徳的善とか正義とかが先立っていて、それのためにこれを、と言ってしまったら、なんでそうしなきゃいけないのかと言われて、それはさっきの学問を信用しないというのと同じようなことが起こるでしょうから。

香山 さきほど世界的人材不足という話の続きに、キリストか、あるいはそれに匹敵するような人が出てくればと言っちゃったんですけど、たぶんそういう考え方じゃダメなんですね。派遣村の村長をやってた湯浅誠さんが『ヒーローを待っていても世界は変わらない』（朝日新聞社、二〇一二年）という本を書いていて、ヒーロー待望論を否定している。とにかく、「それじゃダメだ」と。そりゃそうですよね。でも、そこにしか希望がないという感じがしちゃって、つい待望してしまうんですけどね。

（二〇一六年一〇月二六日。於・一ツ橋）

第三章　哲学で、世界を壊す

中島義道 × 香山リカ

世界をぶっ壊しつつある

――なにしろ世界は理不尽だと思っているとすると、道は二つしかない。一つはその理不尽な世界の中で救われる道を選ぶということ。……もう一つは全力で壊すということ。つまり、つくるのではなくて、まず壊す。

脱・脱構築

――私は、それこそ世代としてポストモダンの妙な薫陶を受けていますから何にせよ価値相対主義に陥ってしまっていた時代があったわけです。権威にももちろん批判的ですし……。ところが最近になって、これほどにも世の中が混乱状態になると、もしかすると、もっと素朴な考え方をすべきではないかと……。

中島義道
（なかじま よしみち）
１９４６年生まれ。専攻、哲学。電気通信大学教授を経て、現在は哲学塾主宰。著書、『時間を哲学する――過去はどこへ行ったのか』『不在の哲学』『時間と死――不在と無のあいだで』ほか。

哲学と仏教的なるもの

私自身も精神医療の臨床家として「このままでよい」と思っていたわけではなくて、「何かもう一つ〝武器〟がほしい」と切実に望んでいたことは確かだ。近年、うつ症状を訴えてメンタルクリニックを訪れる人は増える一方だが、その背景に先のセロトニン代謝メカニズムの不調だけによるものとは考えられないケースが多くなってきたのを感じていたからだ。たとえばある人は、「どうして生きているのか、意味がわからなくなってむなしい」と言う。家もある、仕事もある、お金もある程度あるにもかかわらず、「これが幸せとはとても思えない」と物足りなさを感じているうちに、次第に「生きる意味」がわからなくなった、と言うのだ。……「現代人に広く使える治療法はないか」と模索していた私に、マインドフルネスという単語は、その内容を知る前から、とても魅力的に見えた。

（香山リカ『マインドフルネス最前線』サンガ新書、二〇一五年、五―六頁）

香山　私も、この時代に対して、なにかしら突破口を探すような思いで、いろんなものをのぞいてみたりしています。まあ、ただ頭で理解するだけではないか、と言われればそんなものなんですが。『マインドフルネス最前線』をつくったときも、最初は単に仕事のつもりで、日本テーラワーダ仏教協会を訪ねました。これは、仏教の歴史的な流れでいえば、釈尊の教えを実践する初期仏教から、大乗仏教と小乗仏教に分岐していく中の小乗仏教（上座部仏教）をいまに伝える、日本では寺院を持たない集まりで、そこの長老のスマナサーラさんという方とお会いしました。ベストセラーになった『怒らないこと』をはじめ、それはもう驚くほど次々と本を出しているスリランカ出身で日本で長く活動している方なのですが、その方と対談しました。ずいぶんはっきりとものを言う方で、「薬なんかではダメだ。精神病は薬など、一切処方しない方がいい」とか、現代の医療に批判的でした。医療の現場にいる者としては、そんなふうに決めつけられても困りますし、私も少し反論したりして、険悪でもありませんが、議論になった。どこか、話が合わないなという印象が残ったんです。

ともかく、近代的精神医療を否定されている気がして、そのときは反発しました。その長老が「ヴィパッサナー瞑想は……」と言っても、ほとんど耳に入らず、とくにどうとも思いませんでした。そのうち、精神医学の世界でマインドフルネス認知療法というのが流行《はや》り始め、いったいなんだそれ？と怪しいなと思っていましたら、ヴィパッサナー瞑想そのものを取り入れた認知療法だということで、それがなぜ、そんなに人気があるんだろうと、改めて見直し始めたといったところなんです。でも、見ているだけではダメで、やってみなきゃいけないだろうと、何度かそのテーラワーダ仏教協会が主催している修養会に参加したのですけど、私が知っている禅の瞑想とは違っていて、いわゆる自分を無にするということではなく、常に意識しているということが主眼にあるようでした。ヴィパッサナーって、「気づく」という意味の言葉で、いま何が起きているか、すべて自分でつぶさに気づいて、脳の中に起きていることにも外界に起きていることにも、意識を向けるという瞑想なんです。これはたしかに変わっているぞと思いました。自分でモニタリングするという視点を備えることで、パースペクティブを変えていく瞑想で、ともかく忙しい瞑想法だというんです。これはアメリカの流行りなのかとも思いました。脳の中で何が起きているのかといったことでは、アメリカでいま実にさまざまな研究が行われています。ファンクショナルMRIという非侵襲的にライブで脳活動がわかる画像診断装置を使って、瞑想状態を脳科学的に調べたりする。脳の前頭葉がすごく活発になっていると、それを瞑想の効用だとする類いの論文がたくさん出ているんです。でも、よく聞きますと、その論文を書いている人もだいたいが実践している経験者で、あまり客観性がないという気もしています（笑）。実践している人の多くは、例えば交通事故に遭って痛みに苦しんでいたのに、瞑想をしたら痛みがすごく楽になったとか、背後には個人的救済への希求がきっかけにあるんです。そういう人が研究しているということなので、それはバイアスがかかっているんじゃないだろうか、という思いが先に立って、なかなか鵜呑みにはできないぞ、という気分だったんです。ほんとうにこれ、何かの役に立つのか、それはわからないんですけど、けっこういまトレンドになっていることは間違いない。そしたら、永井均さんがやり始めて……。

中島　そうですね。

香山　これはほんとうにビックリして、哲学者のあの永井さんがほとんど手放しで信じて実践している、これはいったい何だろう？　とそちらの興味があって……。

中島　野矢茂樹さん〔分析哲学者。一九五四年―。『大森荘蔵――哲学の見本』『語りえぬものを語る』〕も禅をやっていますよ。

香山　そうなんですか。

中島　彼は学生の時からですから、かなり年季が……。聞くところによると、禅という講座もあるそうです、東京大学の駒場に。野矢さん、そこでもやってるんだって。

香山　それはどちらが先なのでしょう？　哲学をやっていて、それで禅と出会ったのか、それとも禅の境地から哲学にいったのか？　禅から哲学に進むと考えられるとすると、論理学などとも関係があるということでしょうか？

中島　関係はあるでしょうね。意外にクリプキ〔哲学者・論理学者。一九四〇年―　。『名指しと必然性』〕などは通じるものがあるかもしれない。ヨーロッパやアメリカの哲学者は、神秘主義の方へいってしまう人もわりにいますから。論理的ということは、神秘主義に親近するか合理性の立場を固守するかということとは関係がない。古代から中世へのヨーロッパの論理学も、神学と融合するわけですから。

香山　脳の内外をモニタリングするということは、いずれにしても言語を媒介にするわけですけど、言語を使わないとするとどうなるのかと思います。言語的な能力がない人の場合は、どうするんですかね。瞑想法の本を読みながら、ほんとうにいろいろ考えたんですけど、もちろん私には厳密な哲学的議論などはできませんが、臨床の場で、あの人の場合はどうなっているんだろう？　どう対処すればよいということなのだろう？　と考えさせられることがいろいろありました。例えば、自閉症スペクトラム障害であることを明らかにして著作活動をしている、東田直樹さん〔作家・詩人。一九九二年―　。重度の自閉症患者として意思伝達と自己表現に成功〕の場合、タイピングができて初めて自分の言語を表出する手段をつかんだけど、それまではまったくコミュニケーションをできないことが前提とされていたわけで、そうした場合は言語でモニタリングするとか、そういうことはどうするんだろう？　と考えてしまいます。脳の中でうまくすれば信号を捕まえることはできるかもしれないけど、それもアウトプットの装置がなければ、コミュニケーションは難しいですね。信号は、言葉にもなっていないわけでしょうから。

キリスト教的なるもの

中島　いまの話の流れで言いますと、永井均さんや野矢茂樹さんの名前が挙がった理由として、つまり大きな意味で仏教的な伝統に立つ傾向と彼らをまとめていいとすれば、私はまったくそこには入らないのです。それはすでにいろんなところに書いたけれども、私の環境はずっとクリスチャン的な影響が強いものでしたから、祖母がそうでしたし、姉も、妻もそうですし……。

香山　プロテスタントですか？

中島　さまざまなんです。神秘主義的な傾向のものもみな含めて……。信仰の力で、病気をすべて治す。一切薬も飲まない。そんな環境で、私は五〇年生きてきたわけで……。

香山　その信仰を持っていない人にも、施術ができるんですか？

中島　よく知りませんが、肝心なのは、ものすごい信仰です。

香山　いわゆるキリストの奇跡の実践なんですか？

中島　よくわかりませんが、アダムとイブは神の似姿であって、悪魔もいない、物質もない、と。

香山　ハッピーなんですね？

中島　そう。だから居心地が悪いわけです。ゴホンゴホンと咳をしていても、とても元気そうでって言われる。

香山　病は気から？

中島　言葉がすべてそういう作用をするから、悪いことを言ってはいけない。

香山　面白い。死はどう捉えるんですか、そこでは？

中島　死なないのです、当然。永遠の生命だから。

香山　体のよみがえりを信じる？

中島　というか、この世はないんです。物質はみんな嘘で、幻覚で、存在するのは魂だけ。

香山　私が出会った患者さんの親の例ですが、その患者さんは自殺してしまったのですが、その後で、親御さんから長文の手紙がきました。私はもうてっきり責められるんだろうと、「先生のせいだ」と言われたらどうしようと思っていたのですが、その手紙には「いや、娘は別に死んでいるわけではない」と書かれていた。キリスト教系の新興宗教に入っていて、永遠の生命や体のよみがえりを信じているのです。「娘とは、またこの世で再会できます」と。それを受け取ったときは、よかった言うべきか、何と言うべきか、複雑な気持ちになった。

中島　つらい思いも、いじめられたことも、すべて触れない。よい言葉だけを大切にするということなんです。

それから、私のまわりには妻をはじめとしてカトリックもいて、ウィーンにいけば、友達のほとんどがクリスチャンですし……。

香山　まわりの方々はイエズス会ですか？

中島　イエズス会が中心ですね。リーゼンフーバーさん〔哲学者・思想史家。一九三八年―　。カトリック司祭・イエズス会士〕やアルムブルスターさん〔哲学者。一九二八年―　。カトリック司祭・イエズ

ス会士〕とも近い。
香山　係累のみなさんが、それほど超越的な世界に触れてらっしゃるってことは……。
中島　日本の平均的な家族とはまるで違っていて、ほとんどが魂の教師です。
香山　そんな中で、最後に死ねば「無」だなどと書いておられて、それはとんでもないことじゃないですか、先生（笑）。

中島　私の一番嫌いなところですが、彼らのキリスト教ではどんなことでもマイナスに考えてはいけないのです（笑）。
香山　例えば、何かの災難があったとして、それを神の試練と考えるということもあるかもしれませんが、そこはもう少し、何というか、「これぐらいで済んだ」というような話ですか？　例えば、地震があったりしたら、どう捉えるんでしょう？
中島　よくは知りませんが、神に感謝するのでしょう、被曝したことを。そうなるでしょ。つまり、人生、きつければきついほど、それは特別に愛されていることの証《あかし》になるわけです。
香山　その人には、その試練に耐える力があるから、神が選んだというわけですか？
中島　そうそう。
香山　『なぜ私だけが苦しむのか――現代のヨブ記』〔H・S・クシュナー著、斎藤武訳、岩波現代文庫、二〇〇八年〕というユダヤ教のラビが書いた本があって、言っては悪いのですが、それを読むと壮絶すぎて、なぜか爆笑しちゃうんです。息子が、早く老いてしまうプロジェリアという病気に侵され、一二歳ぐらいで死んでしまうのです。するとその人は、「私はこれほどにも神に仕える人生を送っているのに、なぜこんなに労苦が与えられるのか？」ということをほんとうに反問する。でも、この人はラビですから、それまで何度か、子どもを失った信者に向かって、「あなたの子は、特別に選ばれて天国にいった」とか、あるいは「あなたには耐える力があるから、神が」などと言ってきたはずです。するとまた必ず、その信者の方から、「では、もっと悪いことをしていれば、うちの子どもは死なずに済んだのか。もっと自堕落に暮らせばよかったのですか」と言われる。すると、このラビは何と答えていいかわからなくなり、まさに私にもいまそれが起きていると言う。そんなやり取りがあって結局、そんなふうに選ばれなくてもよかった、神にはバカにされて選ばれない人生の方がよかったと思う、ということになるんですけど……。

中島　それを欺瞞と感じない人が入っていくんだと思いますが……。特に日本の場合には、幼児からではありませんから、入信したり、受洗したりするときには、相当決意するわけです。いろいろなものを、一切絶たなくちゃいけないんだから。

香山　嗜好品も含めて……。

中島　あらゆることを、祈りによって乗り越えようと宣誓するわけですから。そうすると、信仰が強くなりますよね、実際には。

香山　私の患者さんで、カルト的な人がいまして、私にも、先生も入るべきですよといつも勧めていたおばさんだったんです。「いや、私はけっこうです」と受け流していたら、あるとき車椅子でやってきた。「どうしたんですか？」と聞くと、

「この間、教会にいった帰りに、階段から落ちて足が折れた」と。私、悪いけど爆笑してしまって、「ほら。いつも私に勧めるけど、そんな姿になるの、信心してたらおかしいじゃないですか?」と言ったら、「先生、何をおっしゃるんです。私は信心していたから骨折で済んだ」と。

中島 そういうのありますよね（笑）。なんでも、プラスに考えるんです。

香山 「死ぬはずだったのが、私は信心してたからこれで済んだ」と言って、もうなんべんも「あ、そうですかね」と自分に言い聞かせる。そういう詭弁みたいなものによって、すべての価値をすり替えるっていうことで幸せに……。

中島 決めつけちゃいけないんですけど。

香山 それで幸せになれるなら、それはそれでけっこうなんですが。

中島 ご本人たちは、こんなに幸せだからと思って、みんなに布教しようとするわけでしょ。私なんか逆に、無関係だからと思って、瞑想の集まりを覗いてみたりします。まわりは信者ばかりですが、でもまわりがそうだと、私などは逆に居心地がいいのです。

ロゴス中心主義者

デカルト以来の心身二元論により、心の存在に煩わされることなく物理学的世界像に基づいた物理学が発展し、「身体＝物体」世界のそれ自体としての整合性を否定できなくなったとき、「心」は、そこから零れ落ちるものとして問題になっていったのである。すなわち、いわゆる心身問題の根は、「思惟」と「延長」という互いに相容れない二実体間の問題にあるより、むしろ統一的・脱自己中心的世界像と多元的・自己中心的世界像とが両立不可能であるという問題にあるのだ。

　前者を固定したうえで、後者を消去する、あるいは前者から導出する、という素朴な遣り方は見込みがないことが判明しつつある。われわれに残されたのは、逆に後者に前者を採り込むことではなく、後者に定位して、前者の抽象性を明らかにすることだけである。だが、多くの哲学者がこの道に抵抗を覚えるのは、物理学をはじめとするあらゆる脱中心化した科学が実在をとらえていない、という結論を導くことになるからであろう。

（中島義道『不在の哲学』ちくま学芸文庫、二〇一六年、一四頁）

香山　どうして？

中島　自分が入らなくていいから（笑）。そこから距離が保てるから。

　この七月で、私、七〇歳、つまり古稀なんですけど、神秘主義を拒絶するのですが、経験主義かと問われれば、そこはまったく違う。やはり言葉だけ主義になってしまっています、それも強烈に。それから現代思想というのは嫌いで、ロゴス中心主義なのです、私は。

香山　ポストモダンとかは嫌い？

中島　大っ嫌いです。合理的なものを飛び越して、あえて不合理なものばかりに目を向けて……。

香山　わかります、構造主義はあわないのですね。

中島　そうそう。例えば、ラカン〔精神分析家。一九〇一―八一年。構造主義、ポスト構造主義に強い影響力を持つ〕を五年ぐらいみんなと一緒に読んだのですが、やはり興味がない。意外と私、精神病理学の世界に惹かれるものがない。自分自身で驚くほど、精神病と遠いわけなのです、実際には。自分でわかっていることなのですが、そう思われませんか？

香山　そうですね……。あえて返答はしません（笑）。

中島　逆のように思われているけれども、健康なことが好きなんです、単純なことが。例えば、啓蒙思想。

香山　その場合に、啓蒙するべき一番普遍的な概念というか、価値というのは何なのですか？

中島　実際には、いろいろなアプローチの仕方があって、それぞれに思いがあるでしょうけれども、私が専門としてきたカントにはヨーロッパ近代の持っている典型的な合理主義が入っているわけです。ですから神は、一応想定できるけれども、確証はできない。それはなぜか、どういう意味でか、という辺りを微に入り細を穿《うが》って手繰《たぐ》っていくわけです。そして言語を尽くして語る。それは好きです。

> 神の存在証明に成功したと思い込んでいる人々は、ただ「神」という概念に勝手にさまざまな性格を投げ込んでおいて、あたかもそれらが神の性格であるかのようにみなし、次にそれらの性格を神から導いたかのように論証するだけなのだ。その典型が「神とは現存在しないことが不可能であるもの」という性格であり、この性格を「神」という概念に叩き込んだ瞬間に、神は現存在することになってしまう。しかし、このすべては概念の「そと」を要求する神の現存在には指一本触れず、ただ「神」という概念のうちで思考しているだけである。
>
> （中島義道『時間と死——不在と無のあいだで』ぷねうま舎、二〇一六年、二三頁）

香山　跳躍はない？

中島　中間段階をずっと……。

香山　跳躍はないんですね？　最後の。

中島　あたかもあるかのようなもの、そこをずっとたどっていく。

香山　最後に「これだ！」って確信を得るときには、やっぱりカチッと跳躍する感じってないんですか？

中島　ないです。

香山　ないんですか？

中島　うん。それは批判だからなんです。考えてみれば、不思議ですね。それが明治以降、日本に受け入れられた理由はいろいろあるのですが、それにしても、なぜか。カントは狂信を一番嫌った。狂人も嫌いだし、いわゆる聖者も大っ嫌い。ありとあらゆる修行も嫌い。

香山　私は不勉強ですけど、カントというと永遠平和を唱えたと言われるじゃないですか、そこを……。

中島　そうでした、今日ちょっと私、カントの話もしようと思っていたのでした。『永遠平和のために』は皮肉の書なのです。

香山　なるほど、恐ろしい（笑）。

中島　カントの議論は、平和になるためにはみんな死んだらいいという議論です。一番始めにドイツ語で、「フリートホーフ（Friedhof）」について論じています。お墓のことで、平和な墓地のことです。あるオランダの宿屋に墓場という名前を持つのがあった、と。「一番いいのはみんな死んでしまうことだ」と言い、「ボーリングで九個のピンを一個倒したというような哲学者の言うことは誰も聞かないだろう。よって私は書きます」と言う。そもそも、国際連合とか、世界政府とか、カントは正面から信じていないんです。

香山　それを皮肉だと気づかずに、字義通りに伝えられてしまっているというわけですか？

中島　カントは、七〇歳ぐらいのときに『宗教論』をまとめます。そこではすごくネガティブな議論を展開していて、それは人間はもともと悪を犯すしかない、というものでした。

　蔵書の中にカントが座右に置いていた聖書があるんだそうです。私は見ていませんが、そこに鉛筆の書き込みが残っていて、奇跡に関する記述の箇所をすべて鉛筆で消してあるんだそうです。こんなことが起こるわけがない、という具合に。「イサク献供《けんく》」の挿話では、神がアブラハムにイサクを殺せと命じる。カントは、そんなことは合理的ではないから、これは神ではない、と抹消している。カントとはそういう人です。

　始めには、カント自身が神秘主義者でした。恐らくテレパシーやシンクロニシティを感得する資質があって、そのことは強く意識されていて、それを完全に打ち破るために一〇年の歳月をかけた。つまり、批判理論をつくるわけです。

香山　その意味では、永井均さんが瞑想にいくということも、必ずしも突飛なことというわけではない。入不二基義さんのレスリングは別として……。

　そんなふうに、「これだ！」といった確信をもってのめり込めんでいけるというのは、きっと独特の資質なんでしょうか。その意味では、私はダメでした。

中島　大森荘蔵先生が、やはりとても嫌っていた、そうした神秘的なことを。永井さんも、『西田幾多郎――〈絶対無〉とは何か』〔日本放送出版協会、二〇〇六年〕を書いていますが、大森先生は西田の論理や言葉使いを嫌っていた。なにしろ、単純なこと、明解な組み立てを好んでおられた。つまり、常識的な普通の言葉使いをです。

香山　本来そうしたことに強い懐疑を持っていた人が、何かしら個人的な体験をすることで、そちらにいってしまうということも多いですね。「この水を飲めば、がんは治癒する」と言われ、因果関係がまったくわからなくても、飲んでみて、しばらくするとがんは消えていきます、と言われたといった経験で、個人的な奇跡体験ですが、それで入ってしまうという方、けっこういますね。

普通のことにひそむ、恐るべき現実

　言語を習得するとは、有機体特有の自己中心的観点を脱却し、それに反逆して脱中心化を推し進めることである。それは、さしあたり言語を学んだ特定の有機体にとって「そと」の視点を獲得することであるが、じつのところ言語習得以前の自己中心的観点を有しながらも、その段階の有機体は「私」ではないのであるから「うち」の観点を有していたわけではない。言語を習得することによって「そと」の観点を獲得するとともに「うち」の観点も獲得するのである。

　そして、「そと」の観点を獲得するとは、〈いま・ここ〉で知覚されるものという意味で現在するもののみならず〈いま・ここ〉で知覚されないものという意味で「不在のもの」をも承認することである。

（中島『不在の哲学』二二九―二三〇頁）

中島　そうなんですね。ですから結局、奇跡体験では因果関係などは一切わかりませんから、こういうことは哲学的にはほとんど無意味です。ただ、私がカントをずっとやっている理由でもあるのですが、すこぶる単純だからなので、この単純ということが、とても大変な現実を開いてしまうのです。とても単純なこと、普通のことをその通りに書くと、実際に、何か驚くべきことになる。

言語も、実は単純なんですけれども、それについて記述することは、もっとも難しいことに属する。例えば、「ある」という言葉と、「ない」という言葉を分析すると、恐ろしく大変なことになる。ですから、哲学の授業を続けていて、徐々にそうなったのですが、そうしたロゴスをこそ学ぶべきだ、と私は思っている。とりわけ、日本においては……。

香山　いま、むしろそういう手続き的なこと、言葉を重ね、あらゆる条件や事例を尽くしていくことで学ぶというような仕方は、教育の現場ではあまりやられていないんじゃないですか。

中島　ですから、私がやっている「哲学塾」にも人がくるんです。始めて以来、通算で一二〇〇人以上きたことになる。いまも、一〇〇人は在籍しています。英独仏、ラテン語、ギリシア語、全部講座があります。アリストテレスもプロティノスも。そういった古典を、場合によっては原語で読む。およそ役に立たないこと、理詰めのことを学ぶんです。

香山　そういうことを、少しずつ時間をかけてやりたいという人たちも一定数はいるわけですね。

中島　数は少ないですけどね。ですから私は、さっきの仏教の方、スマナサーラさんではありませんが、薬を使わず、原書を読んで病気を治す、を勧めていることになる。

香山　なるほど。

中島　ある意味、ガチガチの作業をずっと続けていると、恐らく私自身も……。

香山　病気が治っている(笑)。

中島　いわゆる「普通のこと」を、それなりにずっと考え続けているわけですね。普通のことというのは、一番わからない。例えば、『不在の哲学』で取り上げた「不在」という言葉の意味がわからない。それを、ともかくあらゆる角度から考え続ける、「ない」とはどういうことなのか、と。

これは、とても難しい問いです。そこをごまかさずに、ずっとやっていると、薬の使用はともかくとして……。

香山　健全な感じがする？

中島　そうですね。

脱・脱構築

香山　逆に、そういう自分の中の思考や言語が奪われたらどうしよう、という恐怖ってありますか？

中島　ないです。永井さんと私は、もうずいぶん長い付き合いですけど、永井さんと私の哲学は完全に違う、真逆なぐらい。私は、言葉を信じる人間なのです、その言葉通りを。他人の言葉もすべて信じる、意外に思われるかもしれませんが、そういう人間です。これはヨーロッパで学んだというよりは、日本の社会のそういう部分が、つまり含みを与えたり、裏を読んだりということが嫌いだったわけです。あるいは、言葉を信じないということが。ある意味で、私はそのことばかり書いていると言ってもいい。まず、その通りを、言葉通りを信じてみる。そういうふうにしていると、人からは「変わっている」と言われる、逆に。

香山　でも言葉には、それこそ精神分析でいえば、本人が発しているのとは違う意図で、実は発せられている場合がありますね。

中島　それは学びましたけど、私にとっては面白くもなんともないんです（笑）。本人の意図と言葉とのずればかり強調されますが、ずれないケースがほとんどではないか。私は信号は赤ければ赤いと言うし、青ければ青いと言う。私はこうした一致を信じている。ですから恥ずかしいぐらいなんですが、寝不足も、胃の痛みもまったく知らない人間なんです。

香山　なぜ？

中島　何が起こっても、体にはなんともない。すぐ寝てしまう。

香山　不眠ってことがないわけですね？

中島　ない。体がとても丈夫だというわけじゃないんですが、不眠もなけりゃ、時差ボケもない。なぜかというと、ずっと長い間、いつ寝てもいいと思っているからです。二〇歳から、それを続けているから。仮に、食べなくても何ともない。三日、食べなくても大丈夫ですし、一〇分寝ただけでも何の問題もない。そうやって、ずっとワガママに生きたからかもしれませんけど、うちの家内も驚いている。すごくあっけらかんとして見える、と。

香山　囚われていないんですか？　夜一一時には寝なきゃならないとか。

中島　思いませんね、不眠症を知りませんから。どんなに悩んでいても、胃が痛いということの意味がわからない（笑）。

香山　すると、感情としては何があるんでしょうか？　落ち込んだりということは……。

中島　ほとんどないんです。

香山　喜怒哀楽の……。

中島　そうですね、落ち込んでも、まあいいじゃないのと思い、普通はみんなが嫌がることを全部するわけです、塾だろうとどこだろうと。本の中にも、生活やあれこれのマイナス面を相当に書きましたけれども、それも自分であえてそういうふうにしてきたんだと思う。いわゆるマイナス面をどんどん言語化していくことで……。

香山　知られないようにしようとは思わず？

中島　思わない。香山さんも書かれていますが、2チャンネルでも、暴露とか中傷とかそんな類いの攻撃がすごいじゃないですか。でも、私はあんなものだろう、と思っています。

香山　あんなものとは、何が？

中島　書かれていることの全部。よくよく考えたらああいうふうになるだろう、と。

香山　誰のことを考えたら?

中島　いえ、誰のことじゃなくて、例えば舛添要一前都知事じゃないけれども、私もあるマイナスのフィルターをかけて見れば、そう見えるでしょう。

香山　ああ、そうですね。でも、こちらがごく単純に発したことを、逆にすごく深読みしたり、陰謀論的に「きっと、どこからか金が出てる」って考える人がいるじゃないですか。たしかに、あれはすごいなと思う。

中島　いま読書会で、『カラマーゾフの兄弟』を読んでいるんですが、そこではともかく細かく読んでいくのが好きなんです。裏の裏の裏をかいて、あらゆる可能性を掘りだしていく。実際には、そういうふうに読むのが好きなんですが、でもさしあたりはすべてを、まずその通り受け取るという人間なんです。

古典的な価値

「香山さんに質問。戦後生まれの人間がいつまでも戦争責任だの植民地支配だの言われ続けることは、日本人に対する不利益・差別に該当しないの?」……これはある日、ツイッターで会ったこともない相手から、投げかけられた問いなのである。その人は、いわゆる「ネトウヨ」と呼ばれる保守思想の持ち主、というよりは、日々、韓国や中国の〝不正〟やら〝特権〟やらを糾弾し続け、ヘイトスピーチやデモのみならず、現政権に対しても厳しい意見を述べる人たちを「サヨク」としてあざ笑うような発言を繰り返す人たちの間では、名の知れた有名人なのだそうだ。……

もちろんこの問いに対して理論的な説明を加えることは私にもできるが、それだけでは彼らの凄まじい「知への憎悪」を乗り越えることができない、と知ったからである。
そう、韓国や中国、北朝鮮などの国家のみならず、そこに住む人々や日本で暮らすその国の人々、さらに朝日新聞や毎日新聞などのリベラル寄りと呼ばれるメディア、さらに知識人と言われる人たちなどに一方的な敵意をむき出しにする彼らの憎悪の本当の対象は、「学問・知識・書物」なのではないだろうか。

(香山リカ『半知性主義でいこう』朝日新書、二〇一五年、八八―九四頁)

香山　字義通りにですか?

中島　誠実なことが好きですし、正義を信じる人間でもあって、それは相手の目つきや態度でわかるという人間なのです。だから、すごく古典的(笑)。

香山　私は、それこそ世代としてポストモダンの妙な薫陶を受けていますから、何にせよ価値相対主義に陥ってしまっていた時代があったわけです。権威にももちろん批判的ですし……。ところが最近になって、これほどにも世の中が混乱状態になると、もしかすると、もっと素朴な考え方をすべきではないかと、それこそ「人殺してはいけない」とか、「人を差別してはいけない」とか、そんな基本的で普遍的な真理や正義があるのではないかという気がしている。そういう拠るべき心棒をあまりにもないがしろにしてきて、みんなそれぞれ、さまざまな意見があるんだよねって言ってきた結果が、「表現の自由という名のもとでは、何を言ってもいいんだ」というこんな変な世の中になっちゃったのかと、最近少し反省しているんですけど。

中島　私は、もう少し単純なので、世の中の人が普通に言っていることの九割ぐらいは正しいと思っているんです。それから、「約束は守らなければいけない」といった類いの価値観についても大体、そうだろうと思っている。例えば、「東京大学で一番偉いのは法学部」だとか(笑)、その通りに私は独特の能力の評価方法として偏差値も信じる人間なんです。まず、ほとんどのことを私は常識的に見る。どこまでも、非常識な人間と見られますけど。そうすると結局、九割方はそうなっているわけです。

香山 その常識に従って……。

中島 普通に真面目で、友達もいて、好きな人も大体、決まっているわけです、嫌いな人も(笑)。面白くもなんともないのだけれども、ジョン・ロックなどは典型的です。ロックやヒュームの時代のイギリスの作家などは……。

香山 それは九割方と言われるときの、その基準の九割が揺れ動いているわけですね?

中島 単純だと言ったわけは、私はどこまでも逆の逆の逆の逆は全部できるということなのです。ヘーゲルも得意で、最近はすべて解読できる、あの弁証法は。でも、その上に立って、ごく普通のことは普通だと思っているわけです。ですから、カントの『純粋理性批判』、実際にあれが普通だったら大変なのであって、相当に裏の裏の裏の裏を読んではじめてわかるというものです。ですから、真理、いえ真・善・美ですね。これらは、やはりそんなに変わることはない、と私は思ってしまっている。おまけに、この思いはだんだんと強くなる、世の中が相対的・相対主義的な空気が支配的になればなるほど。

香山 でも、その真・善・美は再定義されていくものではないんでしょうか?

中島 そうではないでしょう。

私が劣化という強い言葉を使ったのは、そうすることで日本を貶めたり笑いものにしたりしようとしたからではない。ここでもう一度だけ、本書で「劣化」と名づけたさまざまな現象を「そういう時代、社会なのだから仕方がない」と受け入れたり、あるいは「これからの世界を生き延びるためには、むしろこれくらいのことをやらなければならない。劣化ではなく進化なのだ」と受け入れたり肯定したりせずに、「何とかしてこれを食い止めなければならない」と気づいて抵抗してほしいと思ったからだ。

……「昔はよかった」と懐古趣味的なことを言いたくはないが、私たちはかつてもう少し知性的で、じっくりものを考えることができて、お金や名声より大切なものがあると知っており、先人の知恵や歴史に学ぶ知恵があり、「私が私が」と自己顕示欲にかられない謙虚さを持ち合わせていたはずだ。

一度も手に入れたことがないものを目指すべきだ、と言っているわけではない。つい何十年か前までは誰もがあたりまえにやってきたこと、信条としてきたことの価値をもう一回、評価し直してみてはいかがでしょう、と言っているだけなのだ。

（香山リカ『劣化する日本人――自分のことしか考えられない人たち』KKベストセラーズ、二〇一四年、一八八―一八九頁）

香山　およそ、価値の再定義を放置してきた結果が、いま、こうなってしまっているわけではありませんか。現在のこの世の中をいいと思うか、悪いと思うかは別ですけども。

中島　でも結局は、自分の基準ということではないか、と私は思っている。例えば、私は三〇年ほど油絵を描いています。ようやく一昨年ぐらいから公募展に出せるようになりました。そうすると、やはり審査の先生たちが言う「いい」ということはわかるようになります。たくさん絵の並ぶ場所へいくと、いい絵か悪い絵かはわかる。評価はほとんど九五パーセントぐらいの確率で一致しちゃう、構図や色使いを見ることで。そのことはカントも言っています。教育をすると、審美眼も含めた価値評価は九十数パーセントは一致する、と。文学でもそう、芥川賞の選考もそのようにして決まる、と私は思っている。不思議といえば、不思議ですけれど、そういうことってあると思う。

香山　う〜ん、そうか。

中島　なんか、違うんじゃないかって（笑）。

洪水よ来たれ

客観的・統一的世界がそれ自体として「ある」はずだ、という思い込みこそ、（カントの言う）「超越論的仮象」の最たるものなのではないのか？　言語を学んだわれわれは、「不在」を「実在」へと転倒させることはできない。懐疑論を選択するわけでもない。ただ、これほど豊かな不在を捨象してようやく成立している「実在」は仮象ではないかという問いを提起し、この大掛かりな仮象から目覚めることだけである。

　哲学の問題は解決できるものではない。ある問題の解決は、直ちに別の問題を生み出すであろう。最終的解決は永遠にないであろう。なぜか、言語を学んだ有機体としてのわれわれ人間は世界を完全に言語で語り尽くすことはできないようである。これは、われわれに課された「原罪」にほかならない。では、哲学の仕事とは何か？　それは、世界を完全に語り尽くすことではなく、なぜ完全に語り尽くせないか、それを明らかにすること、言いかえれば、哲学的難問（アポリア）のうずくまる場所を暴き出すこと、しかも、できれば統一的に暴き出すことである。

（中島『不在の哲学』一六頁）

香山　だけど、いま、世の中では例えば、日の丸の掲揚、君が代の斉唱をどこの大学でもやりましょうという雰囲気になっていますね。別に、なんでもみんな政治的な話にしたいというわけじゃないんですけど。

中島　私は、必ずしも反対ではない。

香山　そうですか？

中島　そう。私は、右翼でも左翼でもないし……。

香山　世の中の流れには従うって感じ？

中島　ではなくて、『不在の哲学』にも書いた通り——この辺りはやはり、みんなから欺瞞的だと言われるのですが——、私が一番望むことは世界がなくなることなのです。すべて意味がないと思っている。朝起きてから、そして五歳のときからずっと……。

これが基本にあるから強いんだと思う。政治や社会の問題はすべて国家が残ることを大前提にしているでしょ、少子化の問題もなにも。なんにもなくなれば、それが一番いい、と私は思っている。これ、ほんとうなんです。キリスト教の終末観も、構図としては同じですね。なにもかもほんとうに面倒くさいから、すべてがなくなればどんなに楽かと思う。でも、三島由紀夫の言っているように、自分だけ死ぬのも嫌だから、自分が死ぬときに、世界がなくなっていれば一番いいわけです。

香山　「我が亡き後に、洪水よ来たれ」ですか。

中島　そう（笑）。そうするとどうなるか。自分のまわりのチマチマしたことだとか、快不快には相変わらずとても敏感だけれど、そこを離れた、距離のあることについてはほんとうにどうだってよくなっちゃう。エゴイストの極地ですね。

香山 でも、キリスト教では、終末といっても、そのあとに最後の審判があって、「ほんとうの世界」がくるのではありませんか？

中島 ほとんどのクリスチャンは、そのことはよくわからないみたいですよ。

香山 そうなんですか？

中島 いろいろあるとしても、ともあれ一番大きいことは、「終末」それ自体のきつさでしょう。

香山 賛美歌は、実に「死」を朗々と歌い上げますね、みんなで声を合わせて。あれは、すごく不思議です。ほかのジャンルの音楽にはないことだと思います。

中島 三〇年ほど前、キリスト教系のホスピスで身内の者が亡くなったことがありました。みんなで、喜びの歌を歌う。

香山 「主よ、みもとに近づかん」。

中島 みんな喜びを込めて歌う（笑）。私にはおかしなことに思えますが、信仰の厚いクリスチャンは、早く死ねればいいと言いながら生きていることになります。歳を重ねて、いよいよ死が近いから嬉しい、と。

香山 神様の近くにいく？　「道をそこに現出せしめよ、天にとどく階段を」と、う～ん。

中島 そのようにして、この世の中の生に執着するときついことになりますね。こう言っちゃうと、私が神の位置にいるみたいだけど、結局あの世はないかもしれないけれども、この世の生に執着しなければ、何もなくなることもいいではないか、と思うわけです。

香山 それは執着することなく、何もなくなると思うか、それともキリスト教も、特にイスラム教もそうだと思いますけれども、天国など、この世とは別のもっといいところがあると思うのとは、かなり違うことなんじゃないですか。

中島　違いますね。ですからニーチェではありませんが、パウロ主義というのはやはり一つのお話で、すべて作ったものですね、天国や地獄、最後の審判や悪魔も。もともとは何もなかった、その類いのことは。聞きかじりですけど、ユダヤ教には何もないようです。

香山　そうなんですか？

中島　その辺りはまったくわからないということのようです。だってまだメシアもきていませんし……。

明日、死ぬとすれば

香山　私は何度も、プロテスタントの教会に足を運びました。信徒になれたら、どんなに幸せだろうと思うことがあるんです。というのは、私も病院で長い時間を過ごしますので、弱い人や傷ついた人のために何かをすることが職業上多くなります。そんなとき、いわゆるキリスト教的ヒューマニズムというものが、もし自分の中に確固たる信念としてあれば、すごく仕事がしやすいだろうと思うわけです（笑）。「これはなぜやっているのか？」「いや、これは神様が与えた使命だから」と思えれば、葛藤がなくなってさぞ楽だろうと思って……。

そんな理由で、クリスチャンになってはいけないんでしょうけど、子どもの頃に近所の教会学校に友達に誘われていってましたから、馴染みもあったんです。でもやはり、無理だった。まず、洗礼を受けるときに、牧師さんの前で「あなたは神を信じますか？」と問われ、「はい」と答えなきゃならないわけですが、そのとき「はい」と言えないかもしれないという思いがあって、そんなことではまず難しいだろうというのが一つと、もう一つ、これは何度聞いてもよくわからなかったのですが、死者のために祈ってはいけないということです。つまり、死者の世界はもう神の領域なのだから、地上で生きている人間が神様のもとにいるはずの父のために、例えば「死んだ父が元気でありますように」などと祈ってはいけないんですね。これは、どうにも理不尽だと思った。キリスト教でも葬儀では、よく聞くと、残された遺族に慰めがありますようにと祈られている。死んでしまったら神様にお任せするしかないのだから、生きている人がみだりに、「うちの家族だけ、神様に贔屓にされていますように」などと言ってはいけない。

中島　そうですか。

香山　それが呑み込めなくて……。でも人によっては、神様のもとで賛美歌を歌いながら、みんな楽しく暮らしていると、死後の世界を描く人もいたりして（笑）。その辺は、なにかハッキリしていないんです。

中島　本にも、あちこちで書きましたけど、私には死んでからどうしても会いたい人は誰もいない、親も含めて。

香山　そうですか？

中島　親の死も、あまり悲しくはなかった。むしろ、死んだというショックが大きい。実は、お墓にも、二、三回しかいったことがない。つまり、私自身もそうですけど、父はそういうことが嫌いだった。法事もしませんでしたし、死ねば何もないと思っていたわけです。

香山　動物を飼ったことはないですか？

中島　飼ったことあるけど、いまはほとんど興味がなくなった。

香山　動物が死んでも、悲しくはなかったですか？

中島　小学校の時分は、犬が死んだり、猫が死んだりするとショックでしたね。

でもね、これは口にするとみんなに嫌がられることなんだけれども、ショックだけれどあまり悲しくはない。これは私にとっては、ごく普通のことなんだけれども、とてもニヒリスティックに見えちゃうようで。だからかもしれない、穴倉みたいなところ、哲学塾に籠もって（笑）。ここはそういう世間とは関係がない。

香山　そこでは共感する人もいる？

中島　そうですね。私は共感してはいけないと言っているんですが。

世界を壊すために

「私」が死ぬとは、刻々と新たな〈いま〉が湧き出す世界において、ある特定の〈いま〉死ぬことであるとしても、それは一三八億年続き、一〇〇億光年以上の広がりのある世界、すなわち現象＝仮象としての実在世界から消滅することではない。「私」は（その超越論的統覚もその内的経験も）、こうした客観世界からもともと排除されているという意味で不在なのであり、その世界を承認することをもって、その世界において「私」はすでに消滅しているからである。

よって、「私」が死ぬとは、絶えず湧き出す〈いま〉から消滅することであろう。しかし、それに「私」はいかなる意味を与えるべきか、言葉を見出すことができない。

（中島『時間と死』一九五頁）

香山　だからと言って、自分の手で早く人生を終わりにするということではない？

中島　まったく考えません。

香山　おかしな質問ですが、それは何が抑止力になっているのですか？　キリスト教では神様が寿命、つまり天命を決めていると言いますね、中島さんの場合は何が決めているのですか？

中島　わかりませんけれど、ただもう少し知らなくては、もう少しこの世界がないということを確認したいと、そのために生きているから。だから、テロリストですね、世界をぶっ壊しつつあるわけです、五歳のときから。かなり壊してきましたよ、過去、未来、それらがまったくないということはよくわかってきたから、〈いま〉しかないということが。それが生きる課題ですから、あとのことはあまり興味がないんです、はっきりいえば。

香山　〈いま〉を生きやすくする。そしてそれを持続するために、こんな社会だったら自分にとっての〈いま〉がより快適になるというふうには……。

中島　まったく考えない。

香山　ないですか？

中島　もちろん「イスラム国」よりは、住む場所として日本の〈いま〉の方が住みやすいでしょうけど、変革といったことはまったく考えない。この点だけは、徹底していると思います。私は全共闘世代ですから、あの時代を潜ってはきているわけだけど、意味がわからないわけです、ああいう人たちの言っていたことが……。

香山　権力とか、それに対する闘争とか？

中島　そう。あるいはその逆も、権力を握るために何かをするということも。というのは、明日死んでしまうかもしれないでしょ。だとしたら、すべてが無意味じゃないか、小学校の頃からそれに憑かれていたから。一番重要なことって、生き抜くことじゃないですか。そう思っていたので、そのことに関してはわりに敏感なわけです。生き抜く力がなければ、明日から生きられないと思う。でも、それさえあれば、あとは社会がどうであろうと生きられますから。

香山　自分がいま、死なないように、例えば足を踏み外さないように、それには気をつけていると？

中島　それから私は、正義感があまりない人間ですから、苦しんでいる人はいっぱいいいますが、それもあんまり感じないのです。

香山　その前提はどこまでの範囲でしょう？家族まで？

中島　町に出ても、身体障害者やいろんなハンディを負った人など、たくさんいますね。そして、この世の中に対する一つのポジティブな姿勢があれば、どうするべきかと考えますね。でも、私にはあまりないから。

香山　誰の幸いまでは祈るんですか？

中島　私一人だけでしょうね。

香山　家族も友達も入っていない？

中島　入っていない。息子とも年に二、三回しか会いません。結果としては、相当配慮はしているにしても。

香山　そうですか。でも息子さんを育てるための援助はいろいろなさったわけですね。

中島　私は、なんでもすごく一所懸命にやってしまう質なんです。例えば、哲学塾でも、人のためにすごくがんばる。

香山　それは何が動機に？

中島　なんか動いてしまう、意味はほとんどないから。

哲学塾という舞台

香山　それは恐らく、キリスト教のカルヴァン派の人たちの考え方と近いのではないでしょうか。人の資質も役割も、生まれる前から決まっている。その人の資質は、生まれるときに神様が決めるものであって、だからこそ全力でそれに取り組むべきなんだ、というものですけれど。

中島　だから、一所懸命にやって、結果として報われないというのが、私はわりに好きです。哲学塾では、忙しいときには一日に四コマ、八時間教える、儲かりはしませんが。会計も、トイレの掃除も、すべて私一人でやっている。

香山 スタッフはいない？

中島 ゼロです。非常勤講師は、一〇人にお願いしている。そんなことで八年半続けています。自分が一所懸命にやって続けていけるということだけで、嬉しいじゃないですか。なんにも報いはいらない。ときどき開く懇親会でも、材料を買ってきて献立てや飲み物の手配も、すべて一人でやります。それはもう、くたびれ果てますし、あまり報われもしませんが、それでいいのです。会計でズルされても、裏切られてもいい。「このバカ、死ね」と恨まれてもかまわない。

香山 感謝されたことで、嬉しいということはないですか？

中島 まったくない。感謝されることは嫌いです。

香山 いわゆる承認欲求もないんですね？

中島 うん、ない。好かれたり、感謝されたりするのが、一番嫌いなんです。ここには、何かがあると思うのですね。一度精神科のお医者さんに少し分析してもらって……（笑）。

香山 一所懸命やってあげたとして、どう扱われるのが一番嬉しいんですか？

中島 無視されることでしょうね。こういうことだから、一度は離れていった塾生が、例えば五年後などに戻ってくる確率が高いのだと思います。

香山 そういう人たちも、別に排除はしないんですか。

中島 何か問題を感じれば、聴講者に対して、出てけ！　って直情型でやっているんです、自分の感情の通りに。それで、いったんは離れていくとしても、しばらくして「戻りたいです」といえば、「はい、どうぞ」と。

香山　その人たちには、そのように勉強して何になるのでしょう？　別にゴールがあるわけじゃないんですね？

中島　学びたいんです。ほんとうに勉強が好きな人が多い。だからラテン語でシーザーを読んだり、セネカを読んだりするのが面白いんじゃないかな。

香山　それぞれの仕事とはまったく違うところで……。

中島　会社員の人もいますが、ほとんどが生きづらい人です。病院に通っている人もいます。そんな人には、「医者にいくなら、こっちにこい」と。

香山　学ぶことによって、生きづらさの解消にもなっている？

中島　私は、なると思っている。一つには、知的虚栄心が強い人にとっては、ヘーゲルもカントも読めて、ラテン語も読めるというと、プライドになりますね。それが生きていく支えになるということはあると思う。

香山　一〇年ほど前にも、中島先生とこの辺りの話をした気がするんですが、逆のケースはないんでしょうか？　私の診察室には、よくこんな人がやってくる。私には、これほどの知識もあるのに、まわりはバカばっかりだ。私は、こんなにいろいろなことを知っているにもかかわらず、要領だけはよかったりするバカどもが、現世的にはいい思いをしている。それはまったく不当で、理不尽なことだ、と抑鬱感を募らせるといったタイプの人……。

中島　あるかもしれませんが、少なくとも私の前では口にしない。ときどき、近くの安い居酒屋で飲み会をするんです。そんな席でも、不満は出ないですね。まわりの騒ぎをよそに、ラテン語の話なんかをしている。いまは大学院を出ても就職はできませんし、ともかくみんな金がない。でも、そんな愚痴も言わせない。私は、その類いの不満を聞くのが嫌いだから。そんな空気が嫌で、こなくなったとしても、それはそれでいい。ああ、死んじゃったんだと思って……（笑）。

香山　でも、不満や愚痴が出ないのは、そういう場だからということじゃないですか？　その人たちが個になって、それぞれの地域や学校に帰ると、知的にはこんなに高度な自分が……と。

中島　聴講生の中には、名古屋からきていたり、場合によっては飛行機を使って、北海道からやってくる人もいます。ちょっと調べたんですが、多くはもともと偏差値の高い人が多いんです。それでも勉強を続けていることに対する喜びがあるのだと思います。

香山　すごく純粋ですね。

中島　純粋です。この歳になって、ようやく探り当てたという気がしている。

聴講費は、一コマ一〇〇〇円か二〇〇〇円。でも遠くからもくる、新幹線や夜行バスで。それについても私は、感動しないことにしている、勝手にきているんだから、と。中には、一回だけでもいきたい、私の悩みを聞いてくださいという人はいます。それに対しては、私は一切、人生相談には応じません、ともかく原書講読をやります、それが嫌ならこなくて結構です、と答えています。

私自身が、幼いときからずっと、親も含めて周辺から、過度に干渉されてきた。そのせいもあるのかどうか、ともかくほっといてもらいたいという気持ちが強い。塾生に対しても、死にたい人は死になさいと言って、ほっておくわけです。老人がこなくなると、「死んだんでしょうね」なんて言ったりして（笑）、そんな会話をして距離感を確認したりする。そうすると、だんだんそちらの方が居心地がよくなるようなのです。

香山　だからきっと、さっきも言いましたが、私の診察室にくる、「バカばかりが出世する」というルサンチマンを抱えているタイプの人は、きっと勉強が足りないんですね。
中島　そうですね。
香山　まだまだ、もっともっとやりなさいって言うぐらいの……（笑）。

ルサンチマンは意味がない

中島　勉強なんて報われるわけがない。もともと経済行為ではないんですから。
香山　目的を持ってはいけないということもありますね。目的とか、これを勉強したら、こういういいことがあるっていう、効用というか。
中島　そうそう。世の中では、幸福も、いいこともないに決まっていると、まず教えるわけです。なので、女性の聴講者たちは判で押したようにいわゆる不幸な人が多い。
香山　世俗的な意味での幸不幸ですね。
中島　結婚に失敗したとか、離婚調停中とか、別居中とか。
香山　それの代償として勉強しているということでもない？
中島　こっちとしては、そういう情念を感じるところはあります。でも、絶対そのことには立ち入らない。この点では、ルサンチマンを超えている。ニーチェを脱しているわけです。
香山　それでも、いいのですか？
中島　いいようです。
香山　教える方も？
中島　まったくかまわない。
香山　離婚の埋め合わせとして勉強するということで……。
中島　勉強できれば、熱心にやってくれればいい。
香山　ずっとそれで一生続くのかな、そういう埋め合わせで。
中島　なにしろ完全な放任で、受けた科目しかお金は取らないし、それも自己申告制ですし、ズルしてもわからないわけです。そこは誠実さを信じると、みんなの前でときどき言うわけです。

もちろん理想的というわけではないけれども、講師陣は充実しています。永井均さんも入不二基義さんも特別講義にきてくれましたが、実にいろんな方にきていただいた。本物を教える、現代の日本で最高のことを教えると、折りに触れて言っているわけですが、それでいいのじゃないかと思うんです。

香山　年齢的には何歳ぐらいの人が多いんですか？

中島　三〇、四〇代の男性が多いです。

香山　まあ若いですね。

中島　一人一人に聞いたことはないけれども、勉強を続けていても誰も大学教授になりたいわけではないようです。人から干渉されずに、自分の趣味に合った生活ができればいい、と。貧しくても、結婚しなくても、子どもがいなくてもいい、と。でも、それって難しいことですよね。

香山　普通に暮らしていると、やはり人と比べてしまうじゃないですか。

中島　そうですね。ほぼ半分が修士卒。

香山　へえ〜。

中島　大学院出がぞろっといて、ドクターも一〇人以上いる。で、その中に普通のおばさんもいる。そういうおばさんには、よく言います。哲学をやっても一切生活とは関係ありません、と。ですから一回の聴講で、半分以上はいなくなります。

聴講者の側も、教える側も、普通の意味においては報われない。先生方も含めて、いま就職のない人がいっぱいいるわけです。

香山　一回で？

中島　いまは一〇〇人ほどが、ぐるぐる回っている。

香山　ずっと続けている人もいるんですね？

中島　四〇人ぐらいですね。
香山　その人たちのこと、その範囲のことを中島先生は大事にしている？
中島　そうですね。いまはほとんどない場ですから。
香山　そこからもっと啓蒙して、外に広げていこうといった……。
中島　まったく思いませんし、チェーンにして儲けようとも思わない（笑）。
ラテン語の初級文法は三カ月で終わるんです。これはすごいでしょ。ドイツ語は一カ月、私が教えると、それでニーチェが読めちゃう。

哲学は役に立たない

香山　それは大学で教えていた時代にはできなかったことですか？
中島　香山さんを前にしていばれることじゃありませんが、私はとてもよく人間を覚える。一〇〇〇人の名前もすべて覚えている。そして、相手をよく見るんです。そうすると、やはりわかってくる。語学の才能のない人がやってきたとき、始めから「やめなさい」と言います。向いていないことを、ごまかさずに伝える。全部発表して、衆目にさらす。
香山　それは、学校だとサービス業ですからできない。
中島　そうそう。
香山　入学したからには、みんな面倒を見なきゃいけない。
中島　誰もこなくても、私はかまわない。向こうで、勝手にきている。
そのときに、相手がほんとうに何を求めていて、それに対してこっちは何を与えられるかということだけです、勝負は。
香山　中島先生にしてみれば、それ以外の人、そこに到達しない人のことは、別に視野に入ってはいないわけで……。

中島　哲学やったって幸せになどならないし、幸せになることを求めたら、私のところへくるわけはない。

香山　私などは、社会から切り捨てられ、どこにもうまく適応できなかった人たちが、どうなってしまうのかが……。

中島　そちらの方がメジャーです。

香山　すごく気になる。一つがダメだったからと、また次のところにいったりする。あるいは瞑想してみたりとか。それは、それでいいんですけど、そんな人たちがいろんな自己啓発セミナーなどで高額のお金を取られて、餌食にされる場合がありますから、それがすごくかわいそうだと思ってしまう。セミナーも商売ですから、仕方がないといえば、そうなんですけど。

中島　実際そういうカルトにはまる人がいるのも事実ですが、そこにはいろんな段階がありますね。

すがろうとする人に対しては、こう言いますが――、――あまり言うと逆にいやらしくなりますが――、哲学はつまらないですと、つまらない上に、社会の役に立たず、みんなから排斥され、迫害されますと、そこで、でもやりたい人と呼びかけると、マイナスの宣伝効果でしょうね、必ず手を上げる人がいる。なぜなのか。彼ら、つまり求めている人が存在するということは、ここでしかできないからなのだ、と。それだけですね。

香山　けっこう診察室にもきます。哲学やってみたという人、そこに生きる救いがあるんじゃないかと思ってしまう。

中島　『不在の哲学』に書いたように、未来はまったくありませんと言うと、みんな爆笑するけれども、ほんとうにそう思っている。過去はない、と。これは言葉の問題で、もちろんほんとうは善悪も何にもないのですが、この「ほんとうは」ということの意味は、われわれがつくっただけのものだということです。ですからとりわけニーチェやサルトルを読むと、みなさんとても元気になります。何にもないんだ、完全にアナーキーでいいんだ、と。

香山　『超訳ニーチェの言葉』を読んで、「癒やされました」といった、ごく普通のおばさんがいましたけれど……。

中島　それ、おかしいですね（笑）。

香山　「何読んだんだろう、この人？」と思ったけど、あながち嘘じゃなかったのかもしれないですね。

中島　そのおばさんは間違っていると思いますが、いわゆる「無意味なことが無限回」ということで癒やされる人がいるんです。

香山　いますね、きっと。

中島　そのおばさんにも、なんとなく通じてはいると思うんです、そのことについては。

ビッグイシューへの嫌悪

中島　香山さんは、いろいろなことに恵まれているからわかってもらえると思うけれども、やはりつまらないでしょ、大体において人生って。

香山　そんなことないですよ。どうしてですか？

中島　いえ、いわゆる普通の意味において。つまり権力を握っても、みんなが幸せになっても、別にただそれだけじゃないですか。

香山　最近はほんとうに現実の中に酷いことがすごくたくさんあるので、私も年を取ってきたということかもしれませんが、それに腹を立てることが多くて。なんだこれ？と思うことがしょっちゅう。いま一番、一所懸命に取り組んでいるのは、その辺の「韓国人は死ね」とかいうやつへの対抗を……。

中島　ヘイトスピーチですね。

香山　あの人たちは、その場で「お前らやめろ！」って怒鳴らないとやめませんから。そういうことをやったりしていて、ふと自分は何をやっているんだろう？　と思うこともありますが、そんなバカバカしいぐらい腹の立つことが結構ありまして……。

中島　私は法学部出身でしたので、まわりには政治的・社会的な運動にかかわる人がたくさんいました。エリートたちっておおむね政治的ですよね。なので、私がしなくても、ほかの人がやると思っていて……。

そもそも大問題というのが、私は嫌いなのですね、宗教もなにもかも含めて、人生の大問題というやつが。なるべくそれに立ち入らないようにしている。

これってでも、いいですよ。哲学塾でも、精神科の医者ではありませんので、向こうは勝手にきているわけですし、治さなくたって差し支えない。まず言います、すべての病気は治りません、と。そして、治っても何一ついいことはないんだから、と。

香山　未来はないというテーゼは大問題じゃないですか？

中島　これは宣伝ですけど、哲学をやっていくと、すべてがあやふやになり、世の中をガッチリした、つまり明確な骨組みにおいて捕まえることができなくなるわけです。妙な意味において、「決めつけ」ができなくなる。それって、一つの救いですね。

明日のこともわからないし、世界がなくなるかもしれない。けれど、何が起こっても驚かなくなっちゃいます。

世界が消える

物理学は、現在広がっている空間のみならず、過去の空間や未来の空間も「ある」とみなすのであるが、このすべては、単なる一つの説明方式であり、いうなれば一つの「世界像」にすぎない。現在のみ空間は具体的に「広がっている」のであって、過去の空間も未来の空間も実在せず、それは単なる概念（意味）にすぎないとしても、物理学は同じように成立しうる。アウグスチヌスの言うように、「まだない」時間や空間、「もうない」時間や空間は、原理的に測れないのである。

とはいえ、四次元連続体という実在的・客観的世界は、われわれ言語を学んだ有機体の実感の深くにまで喰い込んでいる。そして、過去は〈いま〉まったく消滅し、〈いま〉を超えて延びる客観的時間や客観的空間は単に理念にすぎないという世界像は、実感に基づいて拒否されることになる。なぜなのか？　ここに、「自己同一的な意味構成体」というものが浮かび上がってくる。

（中島『時間と死』八三―八四頁）

中島　『時間と死――不在と無のあいだで』を書き上げる少し前に、「あれ？」って思うことがあったんです。過去については、私たちは「過去」として何かがあると思うときには、空間的な広がりを思っているんです。四〇億年の広がり。これは、どうなっているのか、果たしてあるのか、ないのか、その実感に迫ることがこの本のテーマであったわけです。未来というのがないことを実感するのは難しくない。しかし、過去には実在感がありますす、自分の経験も含めて。ずっと以前から、「なぜ、あった感じがするんだろう?」と思いながら追究するんですが、やはり「ある」とするととても変な世界観を描かなくちゃならなくなる。箱のような、四次元連続体のような、見たこともも聞いたこともないような。仮に「ない」としてもニュートン力学ではなんら問題が生じない。あっても、なくても両方とも通じる。過去に戻って、観察するわけにはいきませんので。「過去はない」とすると、この広大な宇宙はすべて、なぜかはわかりませんが、あっという間になにもかもなくなってしまうんです。それから、〈いま〉として、またそれが「くる」ということも不思議です。

香山　「くる」というのを、もう少し説明していただけますか。

中島　「〈いま〉がくる」とは、新しいことが生じるということで、それがすべてだと思うのですが。

香山　その場合、過去は、俯瞰図としては、より昔の方が遠くにあるのですか?

中島　過去自身が「点」ではなくて、大宇宙に広がっている。過去は、〈いま〉どこかにあると思っているんでしょ、漠然としたイメージとして。そうなりますよね、普通は。そこではつまり、四次元連続体を考えてしまっているわけです。〈いま〉空間は広がっていますね。これが一〇分前も、やはり同じぐらいの広さの世界だったと思っている、漠然と私たちは。もしかするとこれは意味だけなのだ、となれば世界中がワッと消えてしまうわけです。

四次元連続体としての広がりとして捉えるということは、あくまでも単なる想定であって、それがなんにもなくなったとしても、それでなんの不都合もない、観察の実験が可能なのも〈いま〉だけですから。物理学的な式にも使われる変数ですから、どの点を取ってもそこに何かがあればいいわけです。
　そこでさっきのキリスト教の話と関連づけますと、キリスト教は奇跡を認めるし信じますね。いつ何が起こってもしょうがないと思っている。場合によっては私たちが望まないことでも、大災害でも。そうなると、これをさっきの話、過去も未来もないとつなげますと、普通の意味において、社会人としての会話ができなくなる。つまり地震の話でも、文字通りないと思っていますから（笑）。

香山　その場合の「ない」というのは、未来においても、それとも過去においても？

中島　東北のあの地震もなかったと思っている。いや、なかったんじゃなくて、みなさんが描いているようなかたちではなかったと思っている。〈いま〉、私たちが名前をつけて、あると思っているから、それは「ある」ので、もっともそのことはなにかしら宿命的なことでしょうけれど。

香山　そうなんですか？

〔大森〕先生にとって過去はあまりにも「生き生きしている」からではないでしょうか？　これほど生き生きしたものが「もはやない」とは考えられない……こうした実感こそ大森哲学のアルファーでありオメガーではないでしょうか？
　プルーストは、あの幸福な幼年時代が「もはやない」ことに耐えられなかった。「失われた時」は「求め」なければならない。それは創作という形でしか、「作品」に永遠化することでしか、「ある」ことができない。こうした考えは、ギリシャの詩人たちから創作の王道であったように思います。しかし、先生はまったく逆であるように思われます。〈いま・ここ〉にいても、かつての戦友たち、かつての青春の風景があまりにも「生き生きと」立ち現われてしまう。それらは抛っておくと〈いま〉をも支配してしまう〈力〉を持っている。これは、何であろうか？　そして、こういう体験は。まさにプルーストとは逆に、〈いま〉立ち現われてくる過去が文字通り幸福な過去ではないからなのかもしれません。

こうして、先生は〈いま〉知覚風景がじかに立ち現われるように、それとまったく同じ権利で（同じリアリティーをもって）「過去がじかに立ち現われる」という理論を築くほかなかった。このことがどんなにグロテスクに響こうと、これは先生の生きる意味であった。だから、先生はこれに固執したのです。

（中島義道『生き生きした過去――大森荘蔵の時間論とその批判的解読』河出書房新社、二〇一四年、二二九―二三〇頁）

中島　実は、そうなのです。この意味で永井さんはラディカルではない。普通の人間とは異なる意味でガッチリした世界がある人間ですし……。大森荘蔵先生は違いましたが。

なかなかこの実感を定着するのは難しいのですが、いくつかの本には書いてきました。なにしろ世界は理不尽だと思っているとすると、道は二つしかない。一つはその理不尽な世界の中で救われる道を選ぶということ。クリスチャンには、そういう常識的な世界観で信仰に入る人がいっぱいいます。もう一つは全力で壊すということ。つまり、つくるのではなくて、まず壊す。五〇年かかりましたが、ほぼ二〇年ほど前に、壊れるなということがわかってきた、時間も自我も、なにもかも。

壊すと言っても、自分でつくっているんですから、それはなかなか大変なことです。本来、無意味なのですから。壊れるというか、壊す。一番壊しやすいのは時間だと思います。精神病の場合にも、大体はまず時間が崩れていくでしょう。

香山　そうかもしれない。

中島　野家啓一さんが言った「物語論」、歴史の底に語りを置くというものですが、物語もなにもないのではないかと思いますけれど……。

香山　例えば、家族が事故に遭われた患者さんがいました。子どもさんが電車の事故でなくなったのですが、悲しみの中で、過去のある時点に固着してしまって動けなくなっていました。学校に遅刻しそうだったので、その母親が「早くいきなさい」と言ってしまった。それが原因で、その電車に乗ることになってしまって死んだ、と。

中島　後悔しますよね。

香山　あのとき、グズグズしているときに、そのままほっておけば、その電車に乗らなかったのにと、いつも繰り返しそこに戻ってしまう。「なぜ、あのときに早くいきなさいと言ってしまったのか」と、ずっと苦しんでる人がいるんですが、その人にとっては過去はあるわけですね？

中島　私はないと思います。

香山　ない!?

中島　意味を、いま、つけているだけです。私は後悔だらけの人間で、あのときはこうすればよかった、ああすればよかったと、囚われだらけです。いまのお話の内容は、すごくよくわかる。しかしそれは、世の中というものがすべてなにかそんな気がするようにできている、ということ以上ではない。それはけれども、理論的にはおかしいのです。もう一回再現することはできないし。これも一つ、ずっと絞り込んで研究したことなんだけれども、やはりそういうことは人間の中にあるんです。カントではありませんが、すべてがあたかもあったかのような世界なのです。一つ一つ、よくよく工夫してトントン崩していくと、実はなんにも根拠がないのです。

常識のコアは非常識／非常識の極は常識

香山　例えば、パソコンですと、Windowsにも、Macにもあるのかな、「何分前に戻す」という機能がありますね。不具合が発生したときの復元です。あれは、それこそ何分前の世界が、あたかもここまで連続してずっとあって、ある時点においてそうと指定することで、その画面に戻れるということで、これはすごいと思うんです。

中島　そうですか、でもあり得ない（笑）。みんな知っているんですけどね。不思議なのですが、一分前に戻って過去を再現し得ないことは、みんな知っている。しかし、後悔するというのが哲学のテーマなのです。なぜするのか、と。どんなに理論的に説得してみても、みんな後悔をやめない。そちら側の方が恐らく根源的なのです、世界に対する態度として。

香山　逆に脳障害が原因で、一分前のことをすべて忘れてしまうという人もいるんです。そうなったら後悔もないですよね。その状態が、果たして私たちが目指すべき姿なのでしょうか？

中島　目指すべき姿とは、まったく常識の通りなのです。つまり、中核にある非常識というのは常識の通りなのです。つまり、未来は丸ごとないし、過去も丸ごとないと言う。その「ない」と「ある」とを入れ替えてしまえばいいんですから。

みんながあると思っている。その「ある」という言葉を「ない」に替えて、例えばこのビールだけがないとすると誰しも驚くけども、世界全体のこととすると話は一応通じるわけです。観念論と実在論とが一致するように。

香山　記憶はある？

中島　記憶はあるだけです。というのは、それが過去の記憶かどうかということはまったく問題となしえないということです。

香山　記憶というのは、脳の中の一つの電気的現象じゃないですか、きっと。神経と神経、シナプス間の信号の集積では……。

中島　記憶が過去のことに結びつく場面はないのです。過去に戻る物理的作用はないわけで、ですからそれはまったくの神秘なのです。そうすると、過去と記憶とをつなぐために心を持ってこなくちゃならなくなる。そしてそこから、たくさんの嘘が始まる。過去と連絡している人は、いったいどうやって連絡しているんですか、ということになり……。

香山　脳の一部が損傷すると、その連絡もなくなっちゃうわけですね。

中島　脳というのはどっかが損傷すると、何がなくなるかということはわかるけれども、どこの部位から何を得ているのか、その現象がなぜ生じているのかについては何も説明できない。特に知覚はともかくとして、記憶の場合には目の前にないわけですから。そうすると、一つは過去はもうないということ、もう一つは〈いま〉想起しているということ、この二つしか確かなことはありません。

私の実感では、幼いときから、なにかしらある客観的な世界があるとたたき込まれているのです――これを人類の知恵というべきかもしれませんが。折れ線グラフを書いたり、年表を書いたりして、客観的な歴史という過去の集積があるかのように、思い込んでいく。しかし、それはどこにもない。そのことと、私のたまさかの実感とがズレることがあるわけで、実感に基づいて後悔するようになる。〈いま〉しかない。そして〈いま〉過去に対する態度をとっているのですね。それは、過ごしてしまいたくない、逃がしたくないということです。

香山　木村敏が「祭りの後」（ポスト・フェストゥム）と名づけた、うつ病の人がよく訴える時間感覚があって、私は取り返しのつかないことをしてしまったと、いつも思っているというのは？

中島　〈いま〉を過ぎ去らせたくないというよりも、そちらの方が根源的ですね。〈いま〉しか過去はないのですが、〈いま〉と過去をきれいに切り分けて、両者を対応させて並べたわけだけれども、そんな世界はどこにもない。

これは仏教徒の考えと近いでしょう。私としては、ないんだから死んでもあんまり損失はないというところに持っていきたいんだけれども、しかしずっと「ある」という感じはする。この感じ、これが不思議です。恐らく言語の力でしょう。ずっと前から私は言っているのですが、オカルトなどと言わなくても、普通に見えることはものすごく不思議ですし、あること、存在することが、もうそこで意識なのですから、すべてはそれで十分なわけです。

香山　過去はほんとうにはないということを、実感として感じてしまったら、怖くて、逆に動けなくなっちゃたりするのではないでしょうか。

中島　いや、違うと思います。例えば、赤色と青色とを逆転するという思考実験がありますね。その場合、私たちは、ある人があちら（常識の赤）を青と言い、こちら（常識の青）を赤と言うとき、彼がそう言語を使っているのだとは考えないのです。むしろ、彼には逆に見えていると考えてしまう。色はまったく同じように見えていて、言語を逆に使っているという可能性があるじゃないですか。同じようにして、私たちを縛っているのは言語だから、言語というもの自身を、私も狂人ではないので普通に使えるわけですが、「じゃあ明日、未来はないからいけません」とは言わないわけです。

離人症の「ない」

香山　しかし、そのときに頭の中では「ない」と思ってやっているわけですね。つまり、哲学言語というのは狂人の言語とは違うから、普通の言語を展開しながら生きていける。お坊さんもそうだと思いますが。

離人症という精神疾患がありますね。実在のすべてが不確かに見えてしまうという。その中核的な症状の人は、何人かしか診たことがありませんが、若いときに会ったある青年は、忘れられない印象を残しました。中学のときにキャンプにいって、夜中にトイレにいこうと、寝袋を抜けて、外に出たら、その瞬間からすべてが、その様相を変えていて、あらゆるものが本物か嘘かわからなくなったと言うんです。ずっとその感覚が続いていて、見えるんだけれども、奥行きがわからない。これが菱形のものなのか、奥に続いてるテーブルなのかがわからないと言います。ほんとうにベッドの上から動けなくなってしまって、入院していた人がいるんです。彼といろいろ話をしていたら、この人の言ってることの方が多分ほんとうなんだろうと思えたのです。

私たちはいろんなことが防壁になって、「そうであるはずはない」と思い込んでるから踏み外さないだけではないか。彼はよく言っていました。親を見ても、知っている人だとは思うんだけど、心からの親しみが湧いてこないって。

中島　そうそう。何かありますね。

香山　それで一所懸命、「これは親なんだ、子どものときもいた親だ」と思おうとしてニコニコ話すけれど、心から懐かしいという感じはふと消えたって言うんです。それもたしかにそうだろうと思いましたけれど、その彼は日常生活はものすごくしづらかった。

中島　それは社会が要求してないからで、そういう人を受け入れないからでしょう。哲学者というのはそういう人と違っていて、意外とずるいんです。自己欺瞞的に二重に生きている人ですね。だから、なるべく底の方にある、その実感を出さない。

香山　はみ出ないようにしているんでしょうか？

「物自体」の真意

カントに即した物自体の基本的意味は、古典的実体概念と同様、その概念からその現存在が分析的に導出できる存在者だということであるが、このことは、はじめから実体はそのうちに現存在を含意している、ということにほかならない。これに、理性的存在者一般のうち、人間は劣った感性的・理性的存在者である、という形而上学的構図が寄り添っている。両者を重ね合わせると、（神のような）非感性的・理性的存在者は「私」という概念だけによって、みずからの現存在を直接に確保できる物自体であるが、感性的・理性的存在者である人間は超越論的統覚であるにすぎず、そうした能力をもっていないことになる。

（中島『時間と死』一八八―一八九頁）

中島　でなければ、やっていけないでしょう。そうすると、ほんとうは信じていないんでしょうと思われるけれど、科学はその思考圏のほとんどで、私と共生が可能なのです。すべて信じているふりをすればいいので、別に実情は変わりないわけです。「実情」というのは、〈いま〉しかない客観的な空間だとか、客観的な世界だとかいうことで、ですからカントが全世界を現象と呼んだのはその意味だということが、二〇年ほど経ってようやくわかった。「物自体」と現象との違いです。「物自体」はどこかにあるわけではなくて、ラカンのカント解釈なども実は間違っているんですけれども、本物を置いてから、そこには絶対到達できないという、カントの真意であったと思える世界観が、実は私、好きなんです、健全で。

香山 それは、いわゆるラカンの言う、言葉が支配する象徴世界の向こうに広がる現実界のようなものとも違うんですか？

中島 そんなことはないでしょうね。そういうところに生きている人は、やはり救うのは難しいでしょうから、日常生活的に。

香山 そうですか。離人症の彼などは、逆に目を閉じていると、いきなり――これをどう解釈していいかはわかりませんが……、宇宙の果てみたいなものが、すごく生々しく実感できることがある、なんて言うんです。宇宙の果てはどうなっているのかなと考えたら、そこはこうなっているということが、リアルに自分の中に飛び込んでくることがある、と。彼は恐らく統合失調症の発症のギリギリのところにいた人だと思うのですが、ときどきもののリアリティが、このコップの色を抜いた形などが、それこそすごくリアルに迫ってくるんですって。怖いと思って、一所懸命に、「これはコーヒーカップだから、色がついていて、こういう形だ」と言い聞かせて、自分を落ち着かせると言っていました。この人は、いろんなものの本質が実はわかって、見えてしまった人なのかと思う反面、なぜそのマスキングが外れちゃったのかと、すごく不思議だった。

中島 私は多分、統合失調症か離人症になりうるところだったんです、小学校のときに。もう死ぬことばっかり考えていて、宇宙を感じちゃうわけですから、もうダメだと思う。本にも書きましたけど、そのときにフワッと記憶喪失になって、まわりにいるのが誰なのかもわからなくなったりして、歩いていた。その辺りに自分がいるんです。完全に世界はベッタリとしていて、そのときちょっと快感があるんですが、向こうから人がくると「ああ、困った」と思う。「隣のおばさんだったらどうしよう」と。そこで、「お前、しっかりしろ」と自分を叱って、それでなんとかまた体に戻ってくる。これ二〇歳過ぎまで何十回もあったんです。

香山　それはきっと、精神医学的なすごく身もふたもない言い方すると、側頭葉の過活動症状なんです。きっと側頭葉の過剰電子興奮で……。デジャヴというような感覚は、側頭葉の過活動による記憶の洪水だと思うんです。

中島　ものすごく緊張してるからでしょ、多分。

香山　なぜかはわかりませんが、実は私の弟がそうなんです。弟は一昨年、脳波をとったら側頭葉てんかんだとわかった。彼には、ずっと離人症状とか、それに近い感じがあって、日常生活や社会生活は問題があるやつなんですが、私はある意味の天才だと思っていて、いまでもなにかと言えば弟に、依存的に相談したりしてしまうんです。三年ほど前に、弟の家族と一緒に――弟は家庭もあったりする普通の人間で――、コンサートにいったら突然倒れちゃったんです。死ぬ！と私もビックリして、救急車を呼び、いろいろ調べても何もわからない。心臓も大丈夫で、脳も大丈夫だった、と。それが二回あった。これはもしかするとてんかんなんじゃないかと思って、脳波を調べたら、てんかんの脳波が出ているということでようやくわかった。そうか、この人が子どものときから、何か変わったことをずっと言っていたのは、てんかんだったからかと思って、な～んだ、と（笑）。

中島　この前、ＭＲＩで脳を調べてもらったけれど、何も異常はなかった。

香山　脳波をとってみると、面白いかもしれない（笑）。別に病気というのではないんですが、どっちが先かはわからない。そういう感覚が強いから、側頭葉が発達しているということかもしれませんし。別にてんかんなどではなくて、興奮と緊張が一定以上に昂進すると、そうした意識発作みたいなことになってしまうのかもしれないんですけれども。

死が怖いとリアルが怖い

七歳のころから「私（ぼく）が死ぬとしたら人生には何の意味もない」という叫び声が私の体内に響いていた。私はこの叫び声とともに、その後六十余年を送ってきたと言っていいであろう。いかなる人生の大問題もこの問いの前では吹き飛んでしまい、実際その後の長い人生においてこれ以上の重要な問題を見出すことはなかった。死ぬのが怖いという感じではない。いかに一生懸命に生きても死んでしまいその後が永遠の「無」であるとしたら、私の人生には何の意味もない、私が生まれてきたことにも、いや世界そのものにも何の意味もないという実感であり、この実感は「そんなはずはない」というもう一つの呟きに裏打ちされていた。そんな理不尽なことがあるはずはないのであり、あってはならないのである。

（中島『時間と死』二―三頁）

中島　これは不思議なのですが、ともかく「死が怖くて、怖くて」、あるいは「死というもので、まったく人生が無意味になってしまう」、また「目を覚ますたびに恐怖が」といったふうで、小学校の自分はずっとそうだったんです。でも、この頃は少なくなった、あまり多くないんです。これを伝えるのは難しいんですが。

香山　いますね、そういう人。私も子どもの頃そうだった。

中島　実は、大森荘蔵先生がそうだったのですが、ほかにはまったく誰に言っても通じなかった。

香山　逆はどうですか？　これは佐々木正人さん〔心理学者。一九五二年―〕という、アフォーダンス理論の第一人者が、本のあとがきに書いていることで、「世界ってあるんだ！」ということを発見したという類いのこととの方は？

中島　ないですね（笑）。

香山　ソシュール研究者の前田英樹さん、立教大学で同僚だったんですけど。彼が大学一年のときに電車で、ベルクソンの何かを読んでいて、読み終わり、パッと目を上げたら、いままでとまったく世界が違って見えた、と。いきいきと、「これ、あるんだ」ということが見えて、人生が変わったと言っていた。これは羨ましい例ですが、それはない？

中島　ないですね。サルトルの『嘔吐』のようなのもないです。

香山　じゃあ小学校のときの感覚がずっと続いているということ？

中島　あのときは、やはりきつかったからでしょう、いろんなことで。

いろいろ書いてはきましたけど、幼いときからずっと人間関係がダメで、みんなから浮き上がっていて、遊べないということがあったから、早く大人になりたいと思っていた。大人は楽ですね、たしかに。どんどん楽になる。小学校に上がる前、五歳ぐらいからが、一番きつかったと思います。何をやってもダメで、もう死んでしまおうと思って、自殺を考えたのは小学校低学年のときです。生きている意味がわからないと、毎日毎日、車に飛び込もうかどうしようかと考えていた。それが、受験が始まると、気が逸れたのでしょうか、だんだん楽になってきました。いまでも、大人の悩みというものは、一切信じない、私は。

香山 そうですか？

中島 子どもって言語が熟していないから伝わらないでしょ、何を言っても。

香山 私はでも、いきいきと目の覚めるような経験が一回だけあって、小学校二年生ぐらいのときでした。毎日、友達だった隣の家の女の子を迎えにいって一緒に通っていたんですけど、その子が不登校気味で、「トモミちゃん！」と言ってもなかなか出てこないんです。一五分ぐらい待っていなきゃならなくて、毎日、家の向かいの一メートル四方ぐらいの空き地を、定点観測していた。そこで空き地をじっと見ていると、そこには自然の営みがあって（笑）、この前はこんな雑草なかったけど生えてきているとか、ここに蜘蛛の巣が張っているとか、毎日とにかく同じ空間を何カ月も見続けていたら、見えてくるものがあった。そしてある日突然、「ここには、こんなにも豊饒な生命があるんだ！」と目が覚める感じがきた。でも同時に、こんなに狭いところにも、これほど豊饒な営みがあるのなら、自分には世界と向き合うことなんてとてもできない、どうしようもないという思いに襲われて、ショックでした。それまでは小学校二年生らしく、偉そうに、「世の中のためになることとしたい」なんて言っていたのですけど、もう無理だと思って、そのときにはすごい絶望に陥った。すごくいきいきして、その次の瞬間に絶望した。

中島 高級な悩みですね（笑）。

香山 いえ、そんな（笑）。こんな小さな囲いの中だって、私の知らないこれほどの営みが行われていて、そこには私の方から何のコミットも——コミットなんて言葉は、その当時、知りませんけれど——できず、何のかかわりも持てないと思ったら、この世にはこういうものがいったいどれぐらいあるのだろうと、ものすごく膨大な感じが押し寄せてきちゃって、怖かったことを覚えています。

権力からの自由／良識からの自由

香山　ですから、単純に権力の座を目指して、俺が日本を変えるというような人って、羨ましいといえば、羨ましい。舛添要一さんって、そういう人ですよね？

中島　そうですね、あの人は。

香山　仕事で何回か、政治家になってからの彼に会っていましたが、「いや〜、俺いま憲法書いているんだよ」と言っていた。自分が憲法をつくるといった万能感に満ちあふれていて、「ちょっといま忙しいんだ、ごめん、憲法書いているから」って、はあそうですか、と。あの単純さが羨ましかった。

中島　権力はもう、どんなに金を積んでくれてもまったくいらない。権力や権威は一切いらない。

香山　大学で役づきにはならなかった？

中島　やりましたよ、学科長。そのときも、もう大学をやめようかと思った、学科長やりたくないから。とにかく、「長」は大嫌いなんです。ですから、自分でもよくわからないところがあって、ある程度お利口な子で勉強もできたから、学級員になってはきて、いろんな場面にぶつかった。だから嫌なんですね、そういう……。

香山　いまでも「塾長」と言っているじゃないですか。

中島　そう、一応塾長なんです、これでも（笑）。ある本に書きましたが、権力から自由でいたい。

それは事実ですね。無視してもらいたい、自分のところだけはって、しかしこれわりに権力が必要ですね。そのぐらいの権力は持っていて……。

香山　無視はしてほしいけど、支配はされたくない？

中島　そういうことです。ほっといてもらいたい。

香山　埒外にいたいわけですね？　それって可能なんですか？　いまのこういう日本の社会で？

中島　いいんじゃないですか。香山さんほど有名でもないし、何を書いてもそんなに売れるわけではないし。ちょうどそのレベルじゃないかと思っていますけれども。誰か知っている人はきてくれるということで。

香山　疎外されることも、積極的に邪魔されることもない？

中島　そうですね。でもダメですね、これは。さっきから自己肯定的なことばかり言ってる。

香山　すごくうまくいった人生モデルみたいなね。こう生きたらいいみたいな……。

中島　でも誰にも推奨はできません。そりゃそうです、地味だもん。

香山　でも人から見たら、好きなことを教えてらして、本も定期的に書くというのは、「いや、理想的な人生ですね」みたいに言われたこともあるでしょう、きっと。

中島　それは言ってはいけないんです。と言うのもそこなんです、一つ背負わなければならないことは。私のところにやってきて、実は二人ぐらい自殺してしまった人がいる。変わった人が、危険な人がやはりくるわけです。そういう場合に対処する精神医学の指導を受けているわけではありませんから、油断して深入りすると、とんでもないことが起こるんです。それで、すごく警戒しているわけです。場合によれば、脅迫されたり、悩んだりしているってことで、ちょうどバランスを取られているわけです。
香山　なるほど、わかります。
中島　一方で2チャンネルでバカだって言われていて、他方で、どこかで褒めちぎられたりすると、変な話になっちゃうじゃないですか。そういうかたちで、なんとなく技術は学んでいるようです。

平等でフラットな文化と差別の情念

応急措置として薬を出しながら通ってもらううちに、少しずつ回復の芽が出てくることがある。悲しみは悲しみのままとして、怒りは怒りのままとして、目の前の現実に取り組もうとし始める。……そうやって少しずつ「それはそれ」として目の前のことに手をつけ、そこで喜びや面白みといったプラスの感情も湧いてくるようになると、興味深いことが起きる。それは、その人の人格が以前よりも明らかに成長するのだ。「自分と同じような思いをした人の手助けができれば」と家族などを喪った人のケアをするカウンセラーを目指しはじめた人もいれば、絵の勉強を始めてすばらしい水彩画を描くようになった人もいる。いずれも不幸な体験が起きるまでは、「新しいことを始めようなどと考えたこともなかった」と話していた。

こういった人間の回復、成長には、精神科医としての私は一切力を貸してはいない。強いて言えば、それを邪魔しないようにそっと見守り、からだの症状が回復を阻害しないよう、そのコントロールをしたくらいである。

（香山『マインドフルネス最前線』二八八―二八九頁）

中島　患者さんで、どう考えてもポジティブな生き方をするのが難しい、治癒の可能性も少ない、というときは、どう対応されるんですか？

香山　すこぶる現実的な話ですけど、障害者の方を一定の割合で雇用することを義務づける法律ができたりしていますが、現実的な制度の問題として、それを利用することで生きる道が開けるということもあります。むしろ障害があることを逆手にとって、このようにして企業に勤めることもできるじゃないか、というように現実的な着地をしてもらうということでしょうか。精神論で、それこそ「あなたはそういうふうに選ばれた人だ」とか、「むしろ病気があったおかげでいろんなこと学べてよかったですね」とか、そういうふうには言いません。

中島　言っても見抜かれてしまうし。

香山　しかも嘘ですし。「じゃあ、あなたも私のようになればよかったの？」って言われたら、答えようがない。

ツイッターには、「情報のやり取りでさえないような、時間の浪費、感情の浪費でしかない文字のやり取り」が無数にあふれている。啓蒙どころか「知性や言語の消耗」としか言いようがない。自分も活発にそんなやり取りに加わりながら言うのも気がひけるが、ツイッターはまさに「知性の海抜ゼロ地帯」だと思うこともしばしばである。

それにしてもなぜ、〝知性の水〟は一気に「ゼロ地帯」にまで流れ落ちてしまったのか。せめて「すべて知っているわけではないが、まったく知らないわけではない」「よくは知らないけれど、機会があれば知りたいと思っている」という「知の踊り場」のような半知性主義の段階でとどまっていれば、事態はここまでひどくならなかったのではないかと思う。

（香山『半知性主義でいこう』一三六頁）

香山　それと関連して、近年のSNSの普及で、一つだけ面白いと思っていたことがあるんです。それは誰でも参加する可能性が開かれた、あるいはハードルがうんと低くなったということなのですが、現実の社会は、富んでいる、権力がある、有名であるという人たちが頂きにいて、その一方で、収入も少なく、いわゆる知的能力も低いといった人たちが裾野を形成するピラミッドがあったわけじゃないですか。いわゆる格差の構造ですし、それ自体、まったくいいこととは思いませんが。

それが情報ネットワークに関しては、例えばツイッターなどになると完全にぶっ壊れて、フラットになっている。ソフトバンクの総帥、孫正義も、寝ながらでしかスマホをいじらないお兄ちゃんも同じように、一四〇文字でやり取りしなきゃならなくなっている。何かの弾みに、中間をすっとばしていきなり話しかけることも可能です。「お前はよう、こうだろ」みたいに、スターやタレントさんにばかりでなく、通信できる。レフェリーもいないし、検閲もない。フォントだから、字のうまい下手もない。どれも、きちんと読み取るべきものと見えたりする。そういう意味で、面白いけれども、極端に平等でフラットな、変な文化が生まれていると思います。

中島　ツイッター、なさってますか？

香山　やっています。

中島　私はあれ、なんでやってるのか意味がわからない。

香山　私は単純なんです。障害者差別や民族差別してる人たちを叱るためにやっている、という感じ。ひどいんですよ、その人たち。爆発的に増えている、そんな差別主義者が。

中島　増えていますか？

香山　その人たちが物を言うようになったら、こんなにも日本には差別主義者がいたのか、というぐらい多いのです。差別主義で、リベラル嫌いが。

中島　なんとなくは知っています、それは。

ネットでは被害者意識を抱いている人たちが、自主的に「私たちから搾取して不当な利益を得ている犯人はおまえたちだ」と加害者を認定し、復権を求めて攻撃をしかけてきている。……そこで彼らが名指しているのが、いわゆるリベラルな発言をする作家や評論家であり、さらには福祉の対象となっている社会的弱者（生活保護受給者、障がい者、在留外国人、アイヌ民族など）であるのだ。

もちろん、彼らが考えているような「不当な利権」は妄想でしかなく、たとえ彼らが「加害者」と見なす人たちが発言をやめたところで、彼らの本当の意味での「復権」はありえない。また、彼らが「被害者」の意識を味わっているとするなら、その原因はリベラルな言論人や弱者にあるのではなく、彼らをそういう状況に追いやった政治にあるはずだ。

攻撃の矛先を間違えているにもかかわらず、彼らにとっては政権は、加害者をいっしょに想定し、「ともに『復権』を遂げましょう」と呼びかけてくれる心強い見方にしか見えていない。

（香山『半知性主義でいこう』一一八―一一九頁）

香山　去年〔二〇一五年〕、水俣市にいきました。水俣病のさまざまな資料を見にいったのですが、その中に四〇年ほど前に水俣病の患者さん宛てにきたハガキがあった。それを見ると、まったくいまと同じ。「お前ら、水俣病の金で御殿を建てやがって」なんて書いてある。ほかには、「成りすましてる」という言い方。これもいまと同じです。「朝鮮人だろう。水俣病患者に成りすましやがって」とか、「ほんとうに患者だったら座り込みなんかできるはずがない」って、「金目当て、保証金日当てだ」。それこそ、いまのヘイトスピーチと寸分違わないことが書いてあった。変わってないないんだなと思いました。

中島 そういうの、ずっとある。

香山 政治家の発言という資料もあって、石原慎太郎がいまから四〇年ぐらい前に水俣にいったとき、「この施設にいる人たちはIQが低いんだろ?」と発言している。この人、ブレずにずっと差別していると思った。

水俣病の認定と保証をめぐる動きが、利権も絡んでのドロ試合の様相を呈したこともありましたけど、そのこと以前に、ほんとうに病気でつらい思いをしている患者さんに向かって、「保証金目当てで申請した」と言ってくる人たちがいたということに驚いた、いまと同じなんだ、と。

中島 ものすごい嫉妬みたいなものがありますね、いまの社会って。

香山 それから、「ズルをして金をもらってるだろう」という告発まがいのことを、強い方にじゃなく、弱い方に向かって言う。

真剣勝負

中島 そうですね。でもどうなんだろう。話を戻すと、香山さん、もうすぐ死にますよね、少なくとも数十年したら。反差別の、いわば社会的運動にかかわっていて、自分の精神の問題よりも、やはりそっちの方が重要ですか?　明日、死ぬかもしれないんだけど。

香山　そこは、どうなんでしょう？　そっちのことをやっていたら、自分のことは考えなくてもいいと思うかもしれません。

中島　それもありますけど、でもある意味においては、虚しい戦いでしょ？

香山　うん。虚しいです。

中島　絶対に、叩き潰すことなどできないから。

香山　たしかに、虚しい。いろいろ考えちゃうんです。例えば、桜井誠という差別主義者の親玉のような人がいるんです。在特会という団体の創始者です。なんと今度の都知事選〔二〇一六年〕に立候補するようなのです、政見放送でヘイトスピーチをしたいから。この人が、私に関心があるらしくて、なにかにつけて揶揄しながら私のことに触れている。まわりは、「桜井誠はほんとうに香山さんのことが好きなんだ」って、もちろん冗談で言うくらいです。そこで私、ふと思うんです。お前はバカか、と言われましたけど。例えば、ですよ。もし私が、桜井誠と養子縁組などをすることで、彼がもしかしてヘイトスピーチをやめ、在特会を解散しますと言ってくれるなら、それは自分のもっとも有効な生かし方なのではないか、と。言語で攻撃しても、有効じゃないですし……。

中島　そう。すごいですね。

香山　自分に何ができるかということを、よく考えます。いろいろやってみても意味がないから、せっかく医師免許もあるんだから、基礎的なことをやり直して、それこそ定期的に僻地の診療所で目の前の五人をほんとうに手当てする方が、三千人に向けて——何千もいないか（笑）——、活動するよりも、よほど現実的に役に立てるんだから、そっちに取り組んだ方がいいか、などと年に三回ぐらいは考えます。

なかなかできはしませんけど。塾をやるというのも、そちらの方向だと思います。目の前の、そこにいる人に何か教えたり……。

中島　真剣勝負です。香山さんは一対一だけども、こちらは場合によっては一対三〇人ぐらい。そのときの集団の目つきってありますね、それを浴びて。老化防止にもなるしね（笑）。あるとき、ダメになるとは思うんです。書いていて、字を忘れちゃったり、言葉が出てこなかったりして。

香山　いつやめるとか、考えるんですか？

中島　わかりませんけど、ほんとうはあまりやりたくない、楽しいわけじゃないので。

香山　そうですか。

中島　でもほかのことは、何もできないし……。香山さんほどにはいかないけど、この『時間と死』で、私の著書、六六冊目なんです。多い方でしょ、哲学者としては。やはり言いたいことがあるんです。

不安定で未決定な世界

中島　ほんとうに〈いま〉しかないと言うとき、その〈いま〉とは何かといえば、この本（『時間と死』）に書いたように、いわゆる言語化しているときなのです。知らないうちに言語化している、目覚めた瞬間から。多くはそれに気づいてなくて、もともと意味が与えられているのだと思っている。でも、それが意識の不思議さで、この部屋に入った瞬間、やはり「机」というふうに言語化してしまっている。光は向こうからきますから、それはなにかしら受容的な感じがするんですけれども、ほんとうは自分がこう行《おこな》っているわけです。そして、そういう場が〈いま〉だと思っている。

これは〈いま〉についてしか言えなくて、「過去」になってしまうと、言語化したこと、意味付与したことが、自動的に「受容的（受動的）」になってしまう。「自由」の問題も、ここに臍があると思っているのです。自分がこう言語化する、こう名づけるということは、もちろん完全に自由にはできません。机を猫とは言えないから。でも、ある範囲で、意味づけすることは相当に自由なのです。個別的なことは意味付与が難しい。机を猫とかカボチャとは言えない。しかし、世界全体となれば、これはかなり言いやすくなる。そこで「無」と言ってもいいわけです。あるいは「過去はない」と。世界全体、世界像というような大きな建造物こそは哲学の分野でしょうね。極端にいえば、「何にもない」と言える。

時間について、哲学では無数の議論が積み重ねられてきましたが、それでもやはり「時間」については誰もほんとうにはわかっていないと思うんです。以前は、すべてが過去として無くなってしまうことが不思議だったけれども、新しいことが生じてくることの方がもっと不思議です。信仰は、まさにそこにかかわるんでしょうね。常に新しいことが立ち上がり、生じてくる。これは、物理学理論とは関係がない。物理学理論から新しいものは出てこないのです。そこです、常に新しいことが湧き上がるそこに居合わせているということかもしれないのです。

香山　固定した形而上学的なヴィジョンのようなものではなくて、流れてやまない、自由で謎めいた……。

中島　それも、なくなってしまうかもしれないですよ、あるとき（笑）。

香山　「謎」って人を生かすものじゃないですか？

中島　そうですね。それは、一つはありますよね。つまり、何か決まってしまうとつまらないし、他方ではみんな安定したいと思うんです。哲学として、私は安定しない世界を選んでるわけで、そうするとどこまでいってもわからないに決まっているんです。言語化すれば、ますますわからなくなるんです。でも、わかりたくないという気持ちもあるんでしょうね。

もし、言葉を失ったら

香山　ご自分の中に、知的に衰えて、言語化できなくなったらどうしようという恐れってありますか？

中島　あります。

香山　そうですよね。でもそこは、別に言語化したものでなくても、表出できなくてもいいのですよね？

中島　そうなんですね。

香山　例えば、ＡＬＳ〔筋萎縮性側索硬化症《きんいしゅくせいそくさくこうかしょう》〕という病気になってしまって、体中のどこも動かなくなり、言葉が出なくなる……。

中島　老人ボケして死ぬのも、一つの解決ですけどね。

香山　ＡＬＳはつらいです。脳は完全にクリアなのに、体はすべて動かないから……。そして、最後の最後はどこも動かなくなってしまう。

国会で、その患者さんが参考人招致されたことがあります。そのときは、言いたいことを目の動きで読み取った。でも、ロックアウトと言うのですが、目も動かなくなったらどうするか。いま、それこそ科学の進歩で、その人たちの脳波を拾うという技術が出てきたんです。意志が読み取れるようになった。いままでは、「もうお父さん、何を言っても答えないし、目は開けているけれど意識がないんだね」と言っていたのは嘘だということになった。その状態を想像してみて、どう思われます。自分だったら、気が狂います？

中島　異常ですね。

香山　気が狂いますね。まわりの受けとめていること、言っていること、それは「違う、違う」

と鮮明にわかっているのに、それを伝える手段がなかった。その状態で、意識が正常に維持されているといえるのかどうかは別にして。

死の意味を抜く

たしかに、未来はなく、それぞれの〈いま〉私は世界の瀬戸際に立っているのであるから、「無の最初の反映」のうちにいる。私が死ぬ「瞬間」もそうであろう。キルケゴールの言うように、それがすなわち「永遠の最初の反映」であるか否かは、ひとまずおいておこう。しかし、「私」の死とは、「有」から「無」への転換なのではなく、「不在」から「無」への転換であることは確実である。とすれば、それは、はじめからあらゆる意味で「不在」である「私」がほとんど失うもののない転換なのであり、「私」がまったく体験したことのない決定的に新たな転換なのではないだろうか？

（中島『時間と死』一九五―一九六頁）

中島　さっきの話に戻りますと、言ってしまえば、世界も、ものも、もともとあるのではなくて、必ず自分が参加しているわけです、言語的に。そのことが、とてもハッキリわかってきた。

言語化は難しいのですが、すでに世界があって、そのことにいかにも拘束されているように見える。なぜかといえば、「過去」ができてしまって、そこからすべてを見てしまうから。やはり「現在」は忘れやすいんです。すぐに過去化されてしまう。過去を基準として、私たちは世界を見ている。予測もすべてそうですね。

しかし、何が起こっても不思議はないのが現在ですね。刺されるときも現在だし、死にかけるのも現在、ですから楽しいわけでもなんでもないけれど、それをもう少しよく見たいと思うということかな、年を取ってもね。でもそれ、「何もない」ということと同じなんです。だって、未来と過去に囲まれる現在なんだから。普通の意味における固いもの、揺るがないものは何もない。「何にもない」ということを自覚して死ねたら、理想ですね。何もなければ、もうそれ以上、死にませんから。

香山　「何もない」とは「無」ではなくて、「不在」ということ？

中島　そこはわかりません。ただ、「何にもない」ということがある、と。

香山　次のステップで「無」へ？

中島　なにかそこに、転換がある感じがするんです。そんなことを言うと、宗教と似てきちゃう、禅で言われることと似てきてしまう。

何かを期待して、あの世だとかをポジティブに考えるのではなくて、まず世界を消すことに専念するというと、何かがポッと出てくる感じはします。

「私」も実はいないのです。私というのは登場してこない、客観的世界の中に。私が見た光景というのは何も組み込まれていないでしょ。私がなくなっても世界はかまわないでしょ。それが死ぬんだから、もともと何にもないものが死ぬだけなんです。

不思議なのは、そういうことをどんなに言っても、ほとんどの人はやはりそう思ってはいないということです。これは、いったい何なのだろう？

香山　そう思ったら生きていけないから。そう思わないようにしないといけない……。

中島　さっきの離人症の人の話ですが、恐らく

「ない」ということのリアリティを、天性として感得できる人だと思うのですが、彼らもやはり治療されてしまいますから。

香山　そうです。

神秘と言語

中島　言ってみれば、こういう感じかな、ちょっと傲慢ですけど。この辺りのことは、禅の坊さんとでも、神父さんとでも、話としては通じる感じがします。だからこそ話したくない。そちら側の目ですべてを解釈されると困るから。

香山　なるほど。

中島　いま読書会で読んでいるドストエフスキーに、「神秘とは人を生かしている力のようなものだ」という言葉があって、これなどは仏教と同じだと思う。本来は私、とてもそういう「人を生かす」といった類いの言葉が嫌いだった。でも、さきほども言ったように、できるかぎり合理的に探究していこうと思うと、結果として逆にそちらの方にいってしまうということがある。言語というものは、カントのように、切断し、腑分けし、ギリギリまで論理的に追究していくと、逆に見えてきてしまうんじゃないでしょうか、切れないところが。結局は、その道だと思うんです。

香山　でもなぜ、自分でなくてもよかったのに、自分なのか？

中島　その問いが間違っていると思う。だけど、そう思ってしまうという構図が面白い。言語を学ぶのは重要なことですが、その中で魂が肉体から独立したというようなことを学んでしまうんです。もともと、どっかからきたみたいなもの、というふうにして。多分そういう効果を持っているんです。それで、そうした問いが出てくるわけです。誰でもそれは「あのときに生まれてきたからか」とか、「この体でよかったのか」とか、そんな問いがごく普通に出てくるんです。なぜ、そういう問いを立てるのか、という問いの方に興味があります、間違ってはいないんだけれども。カントはしかし、この手の問いをすべて切り捨てました。

体と意識がズレる

一方で、「私」を「そと側」の視点に合わせると、この「私」だけが（「私」であるためにはそれは必要ないのに）現に知覚する奇妙な存在者に思われてくる。他方、「私」を「うち側」の視点に合わせると、他の「私」は（「私」であるためにはそれが必要であるのに）現に知覚しない奇妙な存在者に思われる。だが、こうした非対称的な不安定さのうちにあって、そこに解決を求めないこと、この不安定さに安住すること、このことがとりもなおさず有機体が「私」という言語を学んだことなのである。

（中島『不在の哲学』二四〇頁）

香山　例えば、性同一性障害の人がいます。彼らはよく、体と心とが間違っていたと言います。「私の体は男だけれども、ほんとうは女なんです」と自己申告をする。それに関連しては、「心の性」に「生物学的な性」を合わせようという日本の医学界の変わり身もすごいと思う。これまでは、「ほんとうは女」という自己意識の方を障害として、「何言ってるんだ、あんた男じゃないか」と言って、そちらを治療の対象としていたのに、なぜかあの疾患、あの状況だけは心の方の自己申告に合わせようというふうに変わった。

中島　そういうことになりましたね、最近。

香山　世界的に見ても、けっこう早い時期であって、画期的な転換でした。なぜ、そんなふうにそこだけ進んでいたのかわからないのですが、これは画期的な指針で、もう性も変えられるようになった。

中島　だってその場合、逆は難しいでしょ？　できないいんじゃないですか。

香山　逆とは？

中島　体の方に合わせることは。

香山　でもいままでは、むしろそっちをやっていた。「あなたが、おかしいんだよ」と言って。それをやめて、ある程度の基準を満たした場合、「心の自己申告」に従うことになったんです。でも、それで手術をした挙げ句、私は間違っていたと、やはり違っていたという人もいるんです。そこには、ファンタジーや願望、あるいは実際に見た妄想などで、間違ってしまう人もいるので、そんなに安易に変えるべきではない、と私は現場で見ていて思うのですが、いまの日本のやり方だとそっち、自己意識の性に合わせていいというふうになった。

中島　それとも関連して、私もつくづく思うのは、身体は有機体としての生物でしょ。それと言語とが合わないのです、ズレちゃう。言語は、どうしてもそこに宿りきれないのです。教育されますから、言語は誰にも宿るのですが、とても居心地が悪いのです、この体に。それで言語は、いわゆる外からきた感じがする。ある意味で外からきたものであって、カントの触発はそのことを言っている感じがする。言語を学ぶと言います。でも、言語を学ぶときに、学ぶ力を持っていたから学べたわけですね。不思議です、それが。そうするとズレを感じている極端な人が破綻を見せたり、発症したりするんじゃないか。われわれのように、それらしくやっていれば収まっているわけですが、私も含めて、哲学者はそこにこだわっているようです。

香山　うん、たしかにそうか。例えば、統合失調症の妄想で、見た目は完全な日本人で英語もしゃべれないのに、「私はほんとうはイギリス人だ」と言う人がいる。そうか、この人の中ではほんとうにそうなんだろうと思えば、間違って意識が宿っているというふうに思うこともないわけですね。

この辺りは、私もすごく揺らいじゃうんです。一時私も、妄想に現実を合わせたら、妄想がなくなるのかと、バカな問いにとりつかれたことがあった。例えば、「バカという声が聞こえるんです」という人に、その耳元でバカと言い、それはほんとうです、いま聞こえたでしょと言ったら、それはもう妄想ではなくなるんじゃないかと、くだらないことを考えていたこともあったのです。

中島　言語を学ぶときに、否定語を学ぶということが鍵なんです。否定語が学べないとダメなのです。否定語とは世の中に「ない」ものです。否定して、あらしめるわけです。さきほどらいの言葉もみんなそうです。私は私ではないかもしれないとか、この体に宿っていないとか、どれも否定語を学ぶわけです。「もうない」「まだない」という否定語で、過去や未来をあらしめている。これは、すごい力です。

香山　性同一性障害の人に聞くと、別にそう学んだから「私は女」というよりも、なにかが違うって言います。その人の言い分は、言語的なものというよりも、違和感のようですね。

中島　それも言語的なものでしょう。ずっと探っていっちゃうと、そういうことになるでしょう。いわゆる心がなければ、そういう障害はないわけで、「心とは何か」という問いですね、そこにあるのは。

香山　そうだとすると、さっきの性同一性障害の治療方針の転換は、体と心とが一致していないことを、医学的に認めたというケースになるから、そこから考えても画期的です。

中島　性同一性障害は動物にはないのですか？

香山　どうなんでしょう。

中島　もし動物にもあるとすると、話が少しズレちゃうけど……。それは言語に起源がある感じがするんです。

言葉は何かを見えなくする

このことを、ふたたび言語習得という観点から見直すと、超越論的統覚の作用以前にはたらくとされる「Xからの触発」は、有機体（人間）が言語を習得することに呼応する。言語を学び、「私」という言葉を適切に使用することを学んだ有機体（人間）の一つであるS_1は、「私」という言葉の普遍性を学ぶことによって、はじめて自分固有の現存在を確認する。すなわちS_1は、習得した「私」という言葉がS_1の固有の現存在を表現できないことを知ることによって、その固有の現存在を「感じる」ことができるのだ。このような仕方で「私」という言葉と固有の現存在とのギャップを知っている者が人間的「私」であり、カントの言葉を使えば感性的・理性的存在者としての「私」なのである。

（中島『時間と死』一七八頁）

中島　この前も私のところにやってきた女性が、「先生、私は死にたい。私が生まれてきたことは許さない、と母親が言う」と訴えるんです。こういうように考える人はかなりいますね？

香山　いますね。

中島　この女性も、親を憎んでるわけですが、そういう発想はほんとうにはおかしいということ、それは哲学があればわかるんだけども、その人はそうした実感に基づいて始めから動いてしまっている。生まれてきたことを憎んでいる人が、けっこうたくさんいる。

香山　でもそれは、頼みもしないのに生んだという、親に対する攻撃もあるわけですね。少し前に話題になった『毒になる親――一生苦しむ子供』（スーザン・フォワード著、玉置悟訳、毎日新聞社、一九九九年。後、講談社＋α文庫）という本がありましたが、その二冊目に『毒親の棄て方――娘のための自信回復マニュアル』（スーザン・フォワード著、羽田詩津子訳、新潮社、二〇一五年）という本が出て、そこに親といかにして手を切るかという、その現実的なやり方が載っていた。いかにもアメリカ人的な、墓の前で悪態をつくといった類いでしたが。

中島　それは私にはわからない。親のことはむしろ嫌いですけれども、これはないんです、生まれたことを憎むというのは。

香山　それはむしろ逆で、親にまとわりついて、「あなたのことがほんとうは欲しくて生んだのよ」と親に言ってほしいのです。ただただ、それだけ。「何言ってるの。お父さんとお母さんはとにかく子どもが欲しくて、欲しくて。あなたが生まれてきて、ほんとうにあなたのことを」。つまり、自分の記憶が言語化されていないところは、他者からの言語で充塡するしかないので、そこが欲しいのです。ですから、「あなたのことはほんとうに歓迎して、生まれてきてくれてとても嬉しかった」って言って欲しいんです。

中島　それは、私もありました。言われ過ぎちゃったからいけないのだ、私の場合は。

香山　そこはでも、言われても言われても「嘘だろ？」と思う。結局は記憶がありませんから。これはラカン的な発想なのですが、言語化される前の時期の永遠の謎なのです。つまり、それこそ意味の不在で、わからない時期であって、親がどんなにかわいかったと言ったって、それはファンタジーに過ぎない。捨て子妄想、拾われてきたというのも、みんなにありますから。また、実際にそういうケースだってないわけじゃないですね。ほんとうは嘘だったということが、ずっと問いとしてあって、そこをどう埋めるかという課題、生まれてから言語化されるまでの間をどう埋めるかというのが課題なんです。それじゃないですか、哲学的には？

中島　哲学的には親は体を生んだけれども、子としてのその人はほんとうは心なのです。心は言語です。言語は、サルトルではありませんが、体と心とを独立させてしまう。言語を学ぶということはこうすることなんです。言語を与えない親はいないじゃないですか。親を責めるとしたら、ほんとうはそこを責めるべきなんです。「なんで言葉を教えた？」のかと（笑）。教えたから自分になってしまった。体だけなら動物のままですから、自分にはならなかった。どうしてアダムに言語が与えられたのか、これが不思議なんです。つまりこの体が、言語を受容する体になっているということがです。そのメカニズムは誰も知らない。心身問題ではありませんが、これはどうしても解けない問いで、そこには恐らく何かの理由があるんです。

ラカンじゃないけれども、言語を学んでしまうと解けなくなる。見えなくすることによって、われわれは言語を学ぶんです。私はいつもそう思っている。この問いは、さっき言ったように、解決できないかたちになっている。例えば、永井さんは、「なんで俺はこの俺だろう？」という問題に取り組んでいるけれども、これも同様に解決できないかたちをしている。ということはとりもなおさず、言語を学んだことになるのです。言語は、あるところを見えなくさせる。それが物自体の超越化（神秘化？）と似ていると思うんです。だから、カントの言う「触発」は表現できない、と感じるんです。その違いを語る言語がないんです。

香山　厄介ですね。

（二〇一六年六月一七日。於・一ツ橋）

いささかくだらない話から始めさせてもらおう。

私は長い付き合いの友達から、ときどき「あなた精神科医でしょう⁉」とからかわれる。それは、私が人間的にはどれくらい意志が弱くグチっぽいかがよく知られているからだ。そんなとき私はいつも、「これでも診察室ではちゃんとしてるよ。職業的なスキルと人徳は別」などと開きなおる。

実際に私のまわりには、「不登校の子どもを持つ名児童精神科医」や「自分の家族を放置して家族療法の研修会で全国を飛び回る精神医学者」などもいる。明らかに公私で矛盾があるわけだが、彼らは信頼できない精神科医かといえば、それは違う。その人を夫や父親に持つ人たちにしてみれば迷惑でしかないかもしれないが、職業人としては有能であり、彼らに救われる患者さんもたくさんいるのなら、それでよい気がする

もちろん、「人間的にもすばらしく、精神科医としてもすばらしい」という人も少なくはなく、その人たちには文句のつけようもないのだが、もし「人間的にはすばらしいが精神科医としては能力が低い」という人がいたとしたら、それは患者さんにとっては迷惑でしかない。だとしたら、「個人的にはあまり友達にはなりたくないが、腕だけはバツグンの精神科医」のほうが社会全体に与える益は

大きいのではないだろうか。これが私のスタンスだ。

しかし、友達にそんな話をしても、納得してもらえないことが多い。「えー、外科医なら〝人間的にはいまいちだけど腕はいい〟という路線もありうるけど、精神科医はそれなりに〝ちゃんとした人〟であってほしいな」と言われ、「あなたは世の中が期待する精神科医像とかなりズレてるよね」とまた話の矛先がこちらに向かうのだ。私は「そんなイメージを精神科医に勝手に持たないでほしい」と思いながらも、「まあ、そうかもね」とそれ以上の議論を避ける。

おそらく、「哲学者」と呼ばれる人たちも同じ目にあっているのではないだろうか。

「人生で大きな影響を与えた本を三冊」と問われたら必ず入れるものに、ダグラス・アダムスの『銀河ヒッチハイク・ガイド』（風見潤訳、新潮文庫、一九八二年）がある。ジャンルとしては「ドタバタSF」だ（だから「最も影響を受けた本を一冊だけ」と言われたときは本書をあげるのはあまりに情けないので、カッコつけて「えーと、ラカンの『エクリ』でしょうか」などと答える）。

ただこの本（正確にはシリーズだが）は見ようによってはなかなか奥が深くも思える味のある作品で、第一線の宇宙物理学者やゲームクリエイター、ときには哲学者などにも隠れた熱烈なファンがいる。

この『銀河ヒッチハイク・ガイド』には、「生命、宇宙、そして万物についての究極の疑問の答え」を七五〇万年かけて考えるスーパーコンピュータ「ディープソート」というのが出てくる。その彼（彼女？　それ？）がはじき出した答えをここに書くのは控えるが、「哲学者」というのもその「究極の疑問の答え」を知り、それを生かして人生を送る人と思われているのではないだろうか。「はじめに」で書いたように、少なくとも私にとってはそうだった。私が六歳児の頃から半世紀以上にわたって取りつかれ、それを解明しようと思っては門前払いを喰らい、また別方向からそっと近づこうとして……と延々、懸想を続けているあの問いの答えを、哲学者は知っているに違いない。そして、その答えを知ったからには、それが自分の実人生に反映されないわけはない。

私はずっとそう思い込んできた。

しかしその一方で、自分も「あなた精神科医でしょ」とその人間性に幻想を仮託されがちな職業を選択してしまった苦痛を味わう中で、「哲学者、それはすべてを知り、私たちとは違う高次元の人生を生きる人」という思い込みが彼らにとって「余計なお世話」にしかすぎないこともおぼろげながらわかってくる。（やや話はズレるが、そういう意味で哲学者と精神科医とは似ているかもしれない。実際に先の『銀河ヒッチハイク・ガイド』シリーズの一冊である『宇宙の果てのレストラン』には、「究極の疑問の答え」が知れわたることで、自分たちの仕事がなくなることを恐れた精神科医と哲学者が組合をつくり、地球を壊そうとして宇宙人を雇ったりもするのだ！）

という私の迷走もあり、今回、三人の哲学者と話す中で個人的にいちばん難しかったのは、実はこの「哲学者へのイメージ」と「哲学者自身」と「哲学者の哲学」とをどう切り分けるか、あるいはどう接続させるか、ということだった。そのため、どうしても彼ら個人がいま何に興味を持ち、それをどう自身の思索に接続させているのか、それともそれは接続できない（あるいはその必要がない）ものなのか、ということにこだわってしまった感がある。
その「哲学者自身の個人的な関心、興味」の領域と私が勝手に思ったのは、入不二さんであれば「レスリング」であり、永井さんであれば「瞑想」、そして中島さんは「哲学塾」とズバリ「自分の死」の問題である。三人ともそれらと、ご自身がある意味、〝職業的に〟探究してきた哲学との直接的な接続を強く意識しているようではなかったが、それでもしつこくその関係性を問い続ける中で、結論としては「やるべくしてやっている」ということが明らかになったのではないかと思っている（いや、そこにも私の幻想が仮託されている影響がないとは言えないので、やや強引な導きであることは否定できないのだが）。

そして今回、自分でも想定していなかったのだが、この三人に「いまの現実社会」の問題について語ってもらえたのは思わぬ収穫だった。いま振り返ってみれば、「世界や人間の本質にアクセスしている哲学者は、彼らが生きる現実社会にどれほどコミットすべきか（もっと強い言い方をすれば、「どれくらい責任を持つべきか」）というのも、とくにこのところ、私の中で大きなテーマとなってきていたのである。もちろん、彼らは「現実社会をよくしよう」と思って哲学者になったわけではないのだから、世界で何が起きようと「真・善・美」について考え続けていてもよいのだが、それにしても3・11以降の日本、さらにはトランプ大統領が出現した世界の様相は、それまでとはあまりに異なりすぎる。これに対して哲学者が何を思うのか、それとも何も思わないのか、ということも私にとっては大きな問いの一つになりつつあった。

この現実的な問題に対して、入不二さんは「正義フォビアも正義フィリアも……同じ顔をしているような気がします」と慎重に言葉を選びながら、「現実に起こっているのは、もうそういう対立でさえないのかも……」と語った。永井さんは今回、この「現実社会はどうしてこうなったのか」についてかなり踏み込んだ話をしてくれたが、「(社会の)化けの皮がはがれちゃった」と表現していたのが印象的だった。中島義道さんは「世界をぶっ壊しつつある」と独特の言い方をしながらも、しかし「なんでもすごく一所懸命にやってしまう質なんです。例えば、哲学塾でも」と現実に対するコミットメントを語った。

世界や存在の本質に近づこうとする。自分を生きる。そして、いまの社会にもコミットせざるをえない。

それが哲学者という人たちなのか。

そして、『銀河ヒッチハイク・ガイド』でその哲学者と組合を結成した精神科医である私は、これからどう生きればよいのか。

六歳児からの問いに答えてもらうはずの対談だったが、私のさらなる問いがまた始まった感がある。あとどれほど人生の残り時間があるのかもわからないが、とりあえずもう少しだけ〝ヒッチハイク・ガイド〟を続けていこう。

今回、対談を引き受けてくださった入不二基義氏、永井均氏、中島義道氏、そして私に〝人生のプレゼント〟のような企画を持ってきてくださり、完成まで辛抱強くお付き合いいただいたぷねうま舎の中川和夫氏にこの場を借りて、心からのお礼を申し上げて、ひとまずこの小さな旅の小休止としたい。

香山リカ

香山リカと哲学者たち

明るい哲学の練習

最後に支えてくれるものへ

2017年3月24日　第1刷発行

著　者　中《なか》島《じま》義《よし》道《みち》　永《なが》井《い》　均《ひとし》
　　　　入《いり》不《ふ》二《じ》基義《もとよし》　香《か》山《やま》リカ

発行者　中川和夫

発行所　株式会社 ぷねうま舎
〒162-0805　東京都新宿区矢来町122　第二矢来ビル3F
電話 03-5228-5842　ファックス 03-5228-5843
http://www.pneumasha.com

印刷・製本　株式会社ディグ

ISBN 978-4-906791-67-5　Printed in Japan

哲学

時間と死
——不在と無のあいだで
中島義道
四六判・二〇六頁　本体二三〇〇円

哲学の密かな闘い
永井　均
B6変型判・三八〇頁　本体二四〇〇円

哲学の賑やかな呟き
永井　均
B6変型判・三八〇頁　本体二四〇〇円

人でつむぐ思想史Ⅰ
ヘラクレイトスの仲間たち
坂口ふみ
四六判・二五〇頁　本体二五〇〇円

人でつむぐ思想史Ⅱ
ゴルギアスからキケロへ
坂口ふみ
四六判・二四四頁　本体二五〇〇円

九鬼周造と輪廻のメタフィジックス
伊藤邦武
四六判・二七〇頁　本体三二〇〇円

養生訓問答
——ほんとうの「すこやかさ」とは
中岡成文
四六判・二一〇頁　本体一八〇〇円

となりの認知症
西川　勝
四六判・二〇〇頁　本体一五〇〇円

アフター・フクシマ・クロニクル
西谷　修
四六判・二一〇頁　本体二〇〇〇円

破局のプリズム
——再生のヴィジョンのために
西谷　修
四六判・二六〇頁　本体二五〇〇円

超越のエチカ
——ハイデガー・世界戦争・レヴィナス
横地徳広
A5判・三五〇頁　本体六四〇〇円

マルブランシュ
——認識をめぐる争いと光の形而上学
依田義右
A5判・七四五頁　本体八〇〇〇円

宗教

さとりと日本人
――食・武・和・徳・行
頼住光子
四六判・二七二頁　本体二五〇〇円

坐禅入門 禅の出帆
佐藤　研
四六判・二四六頁　本体二三〇〇円

最後のイエス
佐藤　研
四六判・二二八頁　本体二六〇〇円

この世界の成り立ちについて
――太古の文書を読む
月本昭男
四六判・二一〇頁　本体二三〇〇円

パレスチナ問題とキリスト教
村山盛忠
四六判・一九三頁　本体一九〇〇円

イスラームを知る四つの扉
竹下政孝
四六判・三一〇頁　本体二八〇〇円

3・11以後とキリスト教
荒井　献／本田哲郎／高橋哲哉
四六判・二三〇頁　本体一八〇〇円

3・11以後 この絶望の国で
――死者の語りの地平から
山形孝夫／西谷　修
四六判・二四〇頁　本体二五〇〇円

カール・バルト 破局のなかの希望
福嶋　揚
A5判・三七〇頁　本体六四〇〇円

たどたどしく声に出して読む歎異抄
伊藤比呂美
四六判・一六〇頁　本体一六〇〇円

『歎異抄』にきく 死・愛・信
武田定光
四六判・二六二頁　本体二四〇〇円

親鸞抄
武田定光
四六判・二三〇頁　本体二三〇〇円

禅仏教の哲学に向けて
井筒俊彦著／野平宗弘訳
四六判・三八〇頁　本体三六〇〇円

ぽくぽくぽく・ち～ん 仏の知恵の薬箱
露の団姫
四六変型判・一七五頁　本体一四〇〇円

死で終わるいのちは無い
——死者と生者の交差点に立って
三橋尚伸
四六判・二一六頁　本体二〇〇〇円

ダライ・ラマ 共苦《ニンジェ》の思想
辻村優英
四六判・二六六頁　本体二八〇〇円

神の後に　全二冊
マーク・C・テイラー／須藤孝也訳
Ⅰ〈現代〉の宗教的起源　Ⅱ第三の道
A5判・Ⅰ＝二二六頁　Ⅱ＝二三六頁
本体Ⅰ＝二六〇〇円　Ⅱ＝二八〇〇円

グノーシスと古代末期の精神　全二巻
ハンス・ヨナス／大貫　隆訳
第一部　神話論的グノーシス
第二部　神話論から神秘主義哲学へ
A5判・第一部＝五六六頁　第二部＝四九〇頁
本体第一部＝六八〇〇円　第二部＝六四〇〇円

民衆の神 キリスト
——実存論的神学完全版
野呂芳男
A5判・四〇〇頁　本体五六〇〇円

回心 イエスが見つけた泉へ
八木誠一
四六判・二四六頁　本体二七〇〇円

聖書物語

ヨレハ記 旧約聖書物語
小川国夫
四六判・六二四頁　本体五六〇〇円

イシュア記 新約聖書物語
小川国夫
四六判・五五四頁　本体五六〇〇円

ナツェラットの男
山浦玄嗣
四六判・三二二頁　本体二三〇〇円

文学

ベルリン　アレクサンダー広場
——フランツ・ビーバコプフの物語
アルフレート・デブリーン　小島　基訳
A5変型判・五六〇頁　定価四五〇〇円

ラピス・ラズリ版　ギルガメシュ王の物語
司　修画／月本昭男訳
B6判・二八四頁　本体二八〇〇円

ト書集
富岡多恵子
四六判・二二〇頁　本体一八〇〇円

幽霊さん
司　修
四六判・二一〇頁　本体一八〇〇円

天女《アプサラ》たちの贈り物《マーヤー》
鈴木康夫
四六判・二九〇頁　本体一八〇〇円

声　千年先に届くほどに
姜　信子
四六判・二二〇頁　本体一八〇〇円

妄犬日記
姜　信子著／山福朱実絵
四六判・一八〇頁　本体二〇〇〇円

サクラと小さな丘の生きものがたり
鶴田　静著／松田　萌絵
四六判・一八四頁　本体一八〇〇円

評論

グロテスクな民主主義／文学の力
——ユゴー、サルトル、トクヴィル
西永良成
四六判・二四二頁　本体二六〇〇円

回想の1960年代
上村忠男
四六判・二六〇頁　本体二六〇〇円

《魔笛》の神話学
——われらの隣人、モーツァルト
坂口昌明
四六判・二四〇頁　本体二七〇〇円

秘教的伝統とドイツ近代
——ヘルメル、オルフェウス、ピュタゴラスの文化史的変奏
坂本貴志
A5判・三四〇頁　本体四六〇〇円

自給自足という生き方の極意　小林和明
——農と脳のほんとう
四六判・二一〇頁　本体一八〇〇円

〝ふつう〟のサルが語るヒトの起源と進化　中川尚史
四六判・二一六頁　本体二三〇〇円

『甲陽軍鑑』の悲劇　浅野裕一／浅野史拡
——闇に葬られた信玄の兵書
四六判・二五六頁　本体二四〇〇円

評伝

折口信夫の青春　富岡多恵子／安藤礼二
四六判・二八〇頁　本体二七〇〇円

この女《ひと》を見よ　江刺昭子／安藤礼二
——本荘幽蘭と隠された近代日本
四六判・二三二頁　本体二三〇〇円

民俗

安寿　お岩木様一代記奇譚　坂口昌明
四六判・三二〇頁　本体二九〇〇円

津軽　いのちの唄　坂口昌明
四六判・二八〇頁　本体三二〇〇円

福祉

ちいろば園と歩んだ二五年　高見敏雄
——障がい者と「共に生きる」社会を目指して
四六判・二一〇頁　本体一八〇〇円

知的障害福祉政策にみる矛盾　角田慰子
——「日本型グループホーム」構想の成立過程と脱施設化
A5判・二三〇頁　本体三六〇〇円

ぷねうま舎
表示の本体価格に消費税が加算されます
二〇一七年三月現在